“思想道德修养与法律基础”实践教学研究

丁银河 著

WUHAN UNIVERSITY PRESS
武汉大学出版社

图书在版编目(CIP)数据

“思想道德修养与法律基础”实践教学研究/丁银河著．—武汉：武汉大学出版社，2017.9
ISBN 978-7-307-19677-3

Ⅰ．思…　Ⅱ．丁…　Ⅲ．①思想修养—教学研究—高等学校　②法律—中国—教学研究—高等学校　Ⅳ．①G641.6　②D920.4

中国版本图书馆 CIP 数据核字(2017)第 226799 号

责任编辑：聂勇军　　责任校对：李孟潇　　整体设计：马　佳

出版发行：武汉大学出版社　（430072　武昌　珞珈山）
（电子邮件：cbs22@whu.edu.cn　网址：www.wdp.com.cn）
印刷：虎彩印艺股份有限公司
开本：720×1000　1/16　印张：12.5　字数：174 千字　插页：1
版次：2017 年 9 月第 1 版　2017 年 9 月第 1 次印刷
ISBN 978-7-307-19677-3　定价：32.00 元

前　言

实践是检验真理的唯一标准，实践教学也是思想政治教育的重要组成部分，是贯彻落实“实践育人”理念的重要渠道。为了进一步落实《中共中央宣传部、教育部关于进一步加强和改进高等学校思想政治理论课的意见》（教社政〔2005〕5号）、《中共中央宣传部、教育部关于进一步加强高等学校思想政治理论课教师队伍建设的意见》（教社科〔2008〕5号）、《教育部关于印发〈高等学校思想政治理论课建设标准（暂行）〉的通知》（教社科〔2011〕1号）等文件的精神，加强对思想政治理论课相关内容的理解，促进大学生了解社会、了解国情、增长才干、奉献社会、锻炼毅力、培养品格、增强社会责任感，本人一直从事着思想政治理论课理论与实践相结合的研究与探索。在20多年高校从教的基础上，总结编写了这本《“思想道德修养与法律基础”实践教学研究》。

2013年，湖北省教育厅办公室关于组织开展全省高校思想政治理论课教学方法改革项目“择优推广计划”的申报工作，我对从教近20年的大学教学经验进行梳理总结，以“‘思想道德修养与法律基础’实践教学的形式、内容与绩效评价研究”为题申报湖北省教育厅“2013择优资助计划”。2013年7月16日，湖北省教育厅办公室发布了《关于公布2013年全省高校优秀思想政治理论课教师择优资助计划入选教师名单及课题立项的通知》（鄂教思政办〔2013〕3号），共有20名教师课题获准立项。我的课题“‘思想道德修养与法律基础’实践教学的形式、内容与绩效评价研究”入选，课题编号为13z038。

在课题获得立项后，我立即开始制订详细的研究计划。但是由于2014年初开始筹划赴美访学工作，进行英语培训活动，加之获得2014年湖北省教育厅“青年出国项目”资助，于2015年7月至2016年2月在美国夏威夷大学中国研究中心和政治科学系访学，导致这一研究工作进程受到影响和推迟。加上党的十八大以来，以习近平同志为核心的党中央提出了关于治国理政的新理念新思想新战略，《思想道德修养与法律基础》教材在2013年、2015年进行了2次修订，加入了“社会主义核心价值观”、“中国梦”、“完善中华优秀传统文化教育指导纲要”、“社会信用体系建设规划纲要（2014—2020年）”、“中共中央关于全面推进依法治国若干重大问题的决定”、“中共教育部党组关于教育系统深入开展爱国主义教育的实施意见”，“中共中央办公厅、国务院办公厅《关于实施中华优秀传统文化传承发展工程的意见》”、“中共中央、国务院《关于加强和改进新形势下高校思想政治工作的意见》”、“普通高校思想政治理论课建设体系创新计划”、“高等学校思想政治理论课建设标准”等内容，为了紧跟研究和教材的最前沿，本人以最新的2015年版本为主对研究计划进行了重新设计，并组织专业团队进行了调查研究，在此基础上形成了这一成果。

本书在实践内容设置方面特别体现“四贴近”原则，即贴近理论、贴近生活、贴近时代、贴近学生，即强调实践内容与理论紧密结合，形成理论与实践的互动；强调实践内容来源于生活，并对生活起指导意义；强调实践内容与时俱进，反映时代的主旋律；强调实践内容紧密联系学生思想生活实际，厘清学生疑惑。通过开展实践教学，旨在引导学生将课堂上理论教学的知识内化于心，外化于行，达到“知、情、意、行”的转化，实现知行统一。

这一研究成果的特点与成效主要体现在以下四个方面：第一，积极进行教学研究和教学改革，探索课内实践教学、课外实践教学和社会实践教学相结合的方式，注重教育教学的多项互动，充分发挥学生学习的主体性，使课内实践教学做到了真正的“动起来”和“活起来”，增强了课程教育教学的亲和力、感染力，提高了教学的实效性。第二，坚持理论和实践相结合的原则，丰富课堂教学内容，活跃课堂气氛，形成了具有激励性、启发性、参与性的教育教学特色。第三，实践教学课程积累了丰富的实践教学案例，收集了很多教学素材。作者根据课程章节的重点难点热点问题，提出相对应的实践教学主题。第四，进行了实证研究。研究团队分别从学生、教师的角度对“思想道德修养与法律基础”课实践教学进行了调查访谈和问卷调查，得到了很多有价值的信息，为后一阶段实践教学的开展提供了信息支持。

这一研究成果适合于思想政治理论领导小组的专家、学者，教学实践管理部门工作人员，思想政治理论课教师参考。

由于时间仓促，加上本人水平有限，疏漏之处在所难免，恳请专家和读者批评指正。

目　　录

导论　问题的提出

大学生是国家宝贵的人才，是民族的希望、祖国的未来，肩负着人民的重托、历史的责任。大学阶段，是人生发展的重要时期，是世界观、人生观、价值观形成的关键时期。怎样处理好理想与现实、个人与集体、竞争与合作、权利与义务、自由与纪律、友谊与爱情、学习与工作等方面的关系，做什么样的人，怎样做人，怎样的生活才有意义，怎样的人生追求才有价值等，这一系列的人生课题，都需要学生去观察、思索、选择、实践，同时也需要思想上的教育和引导。“思想道德修养与法律基础”课，是帮助学生树立正确的世界观、人生观、价值观，加强自我修养，提高思想道德素质和法律素质的课程，对于大学生正确认识社会、正确认识他人、正确认识自己，促进德智体美全面发展具有重要意义。

“思想道德修养与法律基础”课程是教育部规定的高等学校各专业学生的必修课程。它以社会主义核心价值观为主线，以理想信念教育为核心，以爱国主义教育为重点，帮助学生形成正确的人生观、价值观、道德观和法制观。通过本门课的学习，学生能够提高学习、交往、心理调适、恋爱、职业规划等方面的能力，尽快适应大学生活，合理解决各种困惑与苦恼，加强自身的思想道德修养，提高法制观念，树立法律意识。

“思想道德修养与法律基础”（2015 年修订版）相比以往版本，在内容上再次发生大的变化，主要体现在章节结构、主要内容、思想观点、言语表述及逻辑主线等诸多方面。正是这些内容上的变化使得新版教材逻辑主线清晰，章节分配合理，内容贴近实际，具有较强的时代感和鲜活感。因此，这些变化为“思想道德修养与法律基础”课实践教学的广泛开展提供了基础和前提。

“思想道德修养与法律基础”课具有鲜明的实践性特点，它要求我们在教学过程中以培养学生“实践体验”与“内化践行”的学以致用能力为目标指向，引导学生努力把道德认知与法律认知转化为道德实践与法律实践。目前，很多教师积极探索“思想道德修养与法律基础”课实践教学方式方法，其中不乏有许多成功的经验。但是，“思想道德修养与法律基础”课的实践教学现状却不容乐观，其理论教学与实践教学长期脱节，直接影响了“思想道德修养与法律基础”课教学的实效性。笔者认为，脱节主要表现在以下几方面：一是“组织脱节”。“思想道德修养与法律基础”课实践教学不具有组织体系的协同性和关联性。很多高校“思想道德修养与法律基础”课理论教学及考试、考核由马克思主义学院（或思想政治理论课部）负责组织，实践活动则由校团委、学工部或各院系自行组织，两者不能有效结合，课程教育的作用没有发挥出来。二是“计划脱节”。“思想道德修养与法律基础”课实践教学课时基本没有落实。“思想道德修养与法律基础”课实践教学时间应占总学时的1/3，但在实际教学中，一些高校的实践教学时间列在表上，讲在嘴上，没有落实在行动上。三是“内容脱节”。除极少数实践教学活动贴近学生外，大部分实践教学活动如旁听法院庭审、外出参观、社会调研，由于经费有限，仅派少数学生代表参加，形式简单，真正能深入学生内心、引起学生共鸣的活动较少。四是“进程脱节”。“思想道德修养与法律基础”课实践教学安排不具有有序性和连续性。多数高校的实践教学安排基本上是临时性和阶段性的，应付的情况较多。五是“主体脱节”。“思想道德修养与法律基础”课实践活动学生参与人数较少，基本上由“以点带面”变成“以点代面”。六是“评价脱节”。“思想道德修养与法律基础”课实践教学评价基本上没有纳入学生成绩评定范围，即使部分高校部分教师将实践课成绩纳入总评成绩，但是也没有统一标准，很大程度上是任课教师随意地给学生记实践成绩。七是“师资脱节”。“思想道德修养与法律基础”课教师教学任务普遍繁重和数量相对不足，导致很少有教师去研究如何开展形式多样而又有实际效果的实践教学，甚至有些教师指导学生实践教学能力也不足。诸多的“脱节”，严重阻碍着“思想道德修养与法律基础”课理论教学和实践活动的有机融合，落实、落细、落小“思想道德修养与法律基础”课实践教学更加无从谈起，从而大大影响了“思想道德修养与法律基础”课的实效性。

有鉴于此，如何使“思想道德修养与法律基础”课实践教学成为大学生“真心喜爱、终生受益”的优质课程，并实现实践教学的科学化、规范化，成为当前我国深化思想政治理论课程改革并推动其进一步发展所面临的一项重要问题。打破传统的以课堂教学为中心、以专职教师为中心、以理论教学为中心的教学模式，把理论教学、课外自学和社会实践有机结合起来，进一步树立“重点讲授，学思互促，德技互融，强化实践”的教学理念，是我们积极探索“思想道德修养与法律基础”课实践教学的目的之所在。

第一章 “思想道德修养与法律基础”课实践教学概述

第一节 “思想道德修养与法律基础”课实践教学的必要性与重要性

在“思想道德修养与法律基础”课程的教学过程中，实践教学是非常重要的环节，不仅可以开阔学生视野，启发学生思维，培养学生实践能力和求实精神，铸造学生的协作精神、理论思维能力和创新能力，而且可以调动学生学习的积极性、主动性和创造性，提高大学生的综合素质，树立正确的世界观、人生观和价值观。因此，“思想道德修养与法律基础”课实践教学既有其多方面的必要性，也彰显多方面的重要性。

一、“思想道德修养与法律基础”课实践教学的必要性

（一）“思想道德修养与法律基础”课实践环节是马克思主义实践哲学的必然要求

实践的观点是马克思主义哲学首要的、基本的观点，实践环节是马克思主义实践哲学的必然要求，实践性是马克思主义哲学与以往一切旧哲学最鲜明的区别。马克思主义哲学既从人的活动的主体

性出发，又把人的主体性归结为人以自身内在需要为尺度，对自然、社会的普遍占有和实践改造，同时强调人的活动是以物质生产为中轴的有目的的物质感性活动，从而将实践作为全部哲学的基本原则。在马克思主义理论中处处闪烁着“从实践中来，到实践中去”的思想光辉。因此，马克思主义的实践性要求“思想道德修养与法律基础”课教学必须引入实践环节。而实践活动可以说是课堂教学的有机延伸，是完成“到实践中去”的不可缺少的教学环节。

（二）“思想道德修养与法律基础”课实践教学是全面依法治国的必然要求

十八届四中全会提出，全面推进依法治国，建设有中国特色的社会主义法治体系，建设社会主义法治国家。而这需要在社会中大力弘扬社会主义法治精神，建设社会主义法治文化，推动全社会树立法治意识，深入开展法治宣传教育，把法治教育纳入国民教育体系和精神文明创建内容。当代大学生是社会主义事业接班人，是祖国未来建设的主力军，但是，许多大学生对法律知识了解匮乏，自我法律意识淡薄。因此在校教育期间培养大学生的法治素质，使其树立法治观念，养成知法、懂法、守法、爱法的良好品格具有时代必要性。当前我国高校大学生法治教育取得了一定的成绩，但大学生法治实践教育仍然很薄弱。理念和意识固然重要，但是没有实践的摸索、练习和印证，很难形成牢固的信念，甚至也无法树立正确的理念和意识。法治教育尤其如此。因此，强化大学生法治实践教育，对于形成社会主义法治理念以及对于中国法治社会建设将有更加重要的意义。

（三）“思想道德修养与法律基础”课实践教学是该课教学特殊性的必然要求

“思想道德修养与法律基础”课的出发点和落脚点是培养和塑

造思想政治素质和道德品质合格的大学生，其最直接的目标在于提高大学生在实践中的思想道德水准，使教师所教的以及他们自己所学的知识最终内化为他们的个人素质，并外化为行为。因此，学习“思想道德修养与法律基础”课要把知与行结合起来，把学习与践履结合起来，把学习规范与遵守规范结合起来，使知识转化为内在素质。古人说过：“修以求其粹美，养以期其充足，修犹切磋琢磨，养犹涵育熏陶也。”加强思想道德和法律修养是知、情、意、行辩证统一的过程，只有通过个人的主观努力和亲身实践，在学中做，在做中学，学以致用，不断增强自我教育、自我约束、自我激励的能力，慎独自守，防微杜渐，才能实现提高自己思想道德素质和法律素质的学习目的。江泽民在北京大学建校一百周年庆祝大会上讲话时明确指出：青年学生要“坚持学习科学文化与加强思想修养的统一；坚持学习书本知识与投身社会实践的统一；实现自身价值与服务祖国人民的统一；树立远大理想与进行艰苦奋斗的统一”。学习“思想道德修养与法律基础”课同样要坚持四个统一，要将书本知识的学习与社会实践活动结合起来，在实践中学习，接受实践的检验。

（四）“思想道德修养与法律基础”课实践教学是弘扬和培育社会主义核心价值观的关键

包含社会主义核心价值观在内的社会主义核心价值体系构成了“思想道德修养与法律基础”课程的核心内容和根本要求。“思想道德修养与法律基础”课以珍惜和适应大学生活，开拓人生新境界为切入点，有针对性地开展马克思主义人生观、价值观、道德观和法制观教育，引导大学生坚定马克思主义信念，确立建设中国特色社会主义的共同理想，弘扬以爱国主义为核心的民族精神和以改革创新为核心的时代精神，践行社会主义荣辱观，培养良好的思想道德修养与法律素质。它在建设社会主义核心价值体系中承担着义不容辞的社会责任。这就要求“思想道德修养与法律基础”课的教学，要贯彻社会主义核心价值体系的实践性要求，用社会主义核心价值体系指导、整合大学生的价值实践，引领、规范他们的价值追求，使他们的价值选择、价值认同与社会主义的核心价值体系相一致、相协调，把社会主义核心价值观落实到大学生的价值实践中，从而有效发挥“思想道德修养与法律基础”课和大学生群体在建设社会主义的核心价值观中的积极作用。习近平总书记指出，培育和践行社会主义核心价值观，贵在坚持知行合一，坚持行胜于言。因此，在“思想道德修养与法律基础”课实践教学过程中要广泛开展涵养社会主义核心价值观的实践活动，不断拓展大学生培育和践行社会主义核心价值观的有效途径。

（五）“思想道德修养与法律基础”课实践教学是彰显当代大学生主体性的内在需要

高校德育课教学是对大学生实施思想政治理论教育的主渠道和主阵地。道德是人类实践活动的产物，人只有在实践活动中，才能组成社会，才会出现人与人之间的各种关系，产生个人与他人的利益冲突，从而使协调这些关系的道德成为必需。实践是道德产生和存在的基础，也是道德发展的基础。道德有一个在实践中物化、外化的环节，即道德目标的开展和实现的过程。因此，道德既是目标，又是过程。德育从内容上讲，既包括对学生道德认识和道德情感的培养，也包括对学生道德行为的锻炼，归根到底是学生的德性与德行的和谐统一。只有当培养出来的学生在社会生活中按照德育要求践行诺言，具备了道德的实践能力，才标志德育目标的实现。

二、“思想道德修养与法律基础”课实践教学的重要性

与其他学科相比，德育课教学有其特殊性，其既进行理论的教

学，又注重思想品德和道德能力的培养。学科本身具有鲜明的时代性，与社会主义现代化建设的实践活动密切相关。因此，引导学生参与德育实践，在实践中接受现实的教育，在实践中提高分析问题、解决问题的能力，使德育课理论内化为学生的共识，具有非常重要的意义。

（一）“思想道德修养与法律基础”课实践教学有利于帮助大学生深化对理论的认识和掌握

“思想道德修养与法律基础”课实践教学，就是将理论与实际、学校课堂与社会现实、理论学习与具体行为紧密联系起来，培养学生理论联系实际的能力，以用来思考、分析、解决社会实际问题，并通过不断实践转化学生的观念与行为，体现学生主体性及其全面发展的一种教学方式。具体地讲，“思想道德修养与法律基础”课实践教学是在教师的指导下，为实现“思想道德修养与法律基础”课程的教育教学目标，根据既定的教学计划，利用生动鲜活的社会现实，激励学生学习的主动性、积极性，使学生通过各类实践性活动来参与并完成思想政治理论教育的教学形式。它的最终目标在于，让学生通过切身的实践经历，增强对马克思主义理论的真知、真信、真行并内化为自身的思想价值观，促进自身的全面发展，从而成长为国家发展、民族复兴所需要的可靠人才。

（二）“思想道德修养与法律基础”课实践教学有利于促进大学生坚持理论联系实际的优良学风

课堂教学解决的是学生的“知”的问题，这仅是德育的一个基础环节。实践解决的是德育的“行”的问题，这是德育的外化环节。学生在道德实践活动中，通过主体与社会、他人的交往，从内心深处体验“知性”的道德，或产生认同、敬畏等正向情感，或产生拒绝、厌恶等负向情感。由此可见，德育的本质是实践的。实践环节是德育不可或缺，甚至成效最优的环节。因此，我们党长期坚持的教育方针是坚持教育与生产劳动和社会实践相结合，培养德智体美全面发展的人，培养为社会主义现代化建设服务、为人民服务的合格劳动者。坚持理论学习、创新思维与社会实践相统一，坚持向实践学习，向人民学习，是大学生成长成才的必由之路。就此而言，实践教学是我国高校思想政治理论课程中必不可少的组成部分，是当代大学生提升思想政治认识，加强思想政治修养，实现思想政治理论教育由知到信并向行转化的必要阶段。

（三）“思想道德修养与法律基础”课实践教学有利于提高大学生学习的主动性和积极性

大学生始终是学习的真正主体，教师应在其学习过程中发挥主导作用。根据很多教师的教学经验，大一新生一般不太重视“思想道德修养与法律基础”课程的学习，因为他们觉得自己从幼儿教育到高中阶段一直都在学习这些内容，自己都懂，因此，联系学生实际、社会实际开展实践教学对于提高大学生“思想道德修养与法律基础”学习的积极性和主动性十分重要。譬如，在绪论部分，教师针对新生匆匆踏入大学校门，走入一个陌生的学习环境中，一切都充满着迷茫，不知下一步该走向哪里的关键时刻，可用一些优秀学生的实例来对他们进行教育，帮助他们拨开眼前的迷雾，指明未来发展的方向。当然，信仰问题、爱国问题、价值问题、道德问题以及法律问题等都可以通过每个人在日常生活中的事例来切入。如此问题链式的教学再辅之以实践教学内容，不仅可以大大提高学生的学习主动性和积极性，还可以不断深化课堂理论教学，提高学生实践能力，让学生在实践中升华思想境界，铸就优良思想品德，在实践中学会做人做事，学会运用马克思主义立场观点去分析实际问题，解决实际问题，从而提高认识能力、思辨能力和实践能力。

（四）“思想道德修养与法律基础”课实践教学有利于促进教师教学能力和科研水平的提高

“思想道德修养与法律基础”课实践教学不仅关乎学生的培养，也关乎教师能力的提升。一方面，教师要通过对大学生实践教学的指导活动和开展社会实践、学习考察等活动，进一步了解国情，了解世情，开阔视野，丰富教学素材，提高理论教学和实践教学的实效性，同时教师也在指导实践教学过程中不断提升自己的能力。另一方面，“思想道德修养与法律基础”课教师还可以不断将实践教学理念融入到教学的各个环节和过程中，进而有目的地开展学术活动，不断提升自己的教学研究和科学研究能力。

第二节 “思想道德修养与法律基础”课实践教学的基本内涵

对于“思想道德修养与法律基础”课实践教学能够较好地调动学生学习的积极性和主动性，培养学生的参与意识和求实精神，锤炼学生的交流能力、组织能力、创新能力以及运用马克思主义理论认识、分析和解决实际问题的能力，达到综合素质整体提升的目的这一点，人们对其有基本共识，但对于实践教学内涵的理解和把握，不同的学者有不同的看法。现在我们来分析一下实践、实践教学、“思想道德修养与法律基础”课实践教学的内涵。

一、什么是实践

实践有多种含义，其最基本的解释为实际去做、去履行及改造社会和自然的有意识的活动。“实践”一词最早记载可见于《宋史·理宗纪》：“至我朝周敦颐、张载、程颢、程颐，真见实践，深探圣域，千载绝学，始有指归。”后来在明朝徐渭的《季先生祠堂碑》和清朝陈康祺的《郎潜纪闻》两书中均使用过此词，即“叹先生著书数百万言，大都精考索，务实践”和“吾恨不从牧令出身，事事由实践”。毛泽东在《纪念白求恩》一文中也写道：“白求恩同志是实践了这一条列宁主义路线的。”从实践在这一系列的用法中，可看出实践一词有做、履行的基本含义在里面。

实践作为一种社会现象，很早就引起了许多哲学家们的注意。古希腊哲学家苏格拉底曾经说过：“只要一息尚存，我将永不停止哲学的实践。”亚里士多德也说过这样的话：“实践是包括了完成目的在内的活动。”德国哲学家康德正式把实践引入到哲学中来，费尔巴哈和黑格尔均对实践作过论述。虽然这些伟大的哲学家都曾对实践给予了高度关注，但是直到马克思主义哲学的诞生，对实践才有了科学的阐述。马克思认为，实践是指人类能动地改造物质世界的对象性活动，即主体能动地改造和探索客体的社会性的客观物质活动。马克思主义的实践具有三个基本特点：第一，客观性。实践是客观的感性物质活动。第二，自觉能动性。实践是主体有意识、有目的的活动。第三，社会历史性。实践是社会性的、历史性的活动。因此，实践活动形式有多种，人的存在方式就是以各种各样的实践形式存在的。同时，马克思认为实践有广义和狭义之分，广义的实践是指人类的全部历史活动，狭义的实践仅指人们改造客观世界的物质生产活动。马克思在谈到认识论的时候，总是把认识和实践联系在一起，认为认识和实践本质上是一种知与行的辩证关系。

马克思主义认识论的本质是实践基础上主体对客体的能动反映，从而实现了认识论的革命性变革。实践是认识的来源和动力，人类的正确认识离不开实践，脱离了实践的认识是不全面、不正确的认识。

人类实践的形式是多种多样、内容丰富的。根据不同的标准，可分为不同的形式，如以实践的对象和活动结果作为依据，可分为生产实践、社会交往实践和科学探索实践三种形式。

第一，生产实践。生产实践是指人们借助于生产工具，有目的、有计划地改造自然以获取物质生活资料的活动，它处理的是人和自然之间的关系。“马克思主义者认为人类的生产活动是最基本的实践活动，是决定其他一切活动的东西。”①

第二，社会交往实践。马克思认为：“人的本质不是单个人所固有的抽象物，在其现实性上，它是一切社会关系的总和。”② 因为人在改造自然、利用自然的同时，还要处理个人与他人、个人与社会的关系，需要处理不同阶层、不同阶级之间的关系。这种处理人与人之间的社会关系的实践，称为社会交往实践。只有通过社会交往实践巩固和维护那些适应生产力发展的社会关系，调整或根本改变那些不适合生产力发展的社会关系，才能促进社会进步以及人的全面发展。因此，社会交往实践是人类重要的社会实践之一。

第三，科学探索实践。科学探索实践是在生产发展的基础上，从生产实践和处理社会关系的实践中逐步分化和发展起来的新的实践形式。科学探索实践是科学工作者在科学理论的指导下，按照一定的目的，运用特殊的设施和手段，探索事物规律性的活动。它既包括改造自然的科学探索实践，也包括改造社会关系的科学探索实践。

“思想道德修养与法律基础”课实践教学理论的来源可以追溯到马克思对于实践及实践形式的阐述。马克思对于认识和实践本质的正确理解和阐述，使得“思想道德修养与法律基础”课实践教学理念具有科学的理论渊源。

---

① 《毛泽东选集》第一卷，人民出版社 1991 年版，第 282 页。

② 《马克思恩格斯选集》第 1 卷，人民出版社 1995 年版，第 60 页。

二、“思想道德修养与法律基础”课实践教学的理念探源

实践教学概念虽然是到了近代才提出的，应用在人文社科类中更是略晚一些，但是实践教学的理念在古今中外的德育教学活动中都曾有所渗透。实践教学是思想政治教育的一种基本方法，“思想道德修养与法律基础”课实践教学是思想政治教育的基本方法在具体课程中的应用。要研究“思想道德修养与法律基础”课实践教学，探寻中外德育方面的实践教学理念，将有助于“思想道德修养与法律基础”课实践教学的追根溯源，为“思想道德修养与法律基础”课实践教学的进一步研究提供历史依据。

1. 中国传统德育有关实践教学的理论

在古代，中国是一个以伦理为教育本位的国家，把知识教学与道德教育融为一体是中国传统教育的一大特点。中国古代非常重视践行，或者说非常重视道德说与做的言行一致。道德认知如果不能见之于行动，就不是真正的道德认知，更不能成为一个有道德的人，相反有可能成为欺世盗名的伪君子。① 中国五千年的文化沉淀，有关德与行的言论很多，如孔子要求“敏于事而慎于言”，要求做到“言必信，行必果”。程颐主张“力行须先知”，提出“知难行亦难”。朱熹进一步区分认知与行为中对知与行的不同要求，指出“论先后，知为先；论轻重，行为重”。王夫之也主张“知行相资以为用”，将知与行辩证统一起来。毫无疑问，在中国古代的道德教育中，道德践行的问题备受教育家们关注和强调。

2. 国外道德教育有关实践教学的理论

在西方，教学理论成为体系是在文艺复兴以后。从夸美纽斯的《大教学论》到赫尔巴特的《普通教育学》，“传统教育”形成了比

---

① 黄济：《教育哲学通论》，山西教育出版社 2006 年版，第 98 页。

较完整的理论体系和实践模式。① 19 世纪末在欧洲兴起了“新教育运动”，这种新的教学体系是同传统的教学体系针锋相对的。它的一个最重要的特点是从学习间接经验为主的系统知识转变为重视个体的直接经验和兴趣，从课堂集体讲授转变为学生的个人活动。普遍吸收并发展这种新教学体系的代表人物有美国柯尔伯格的认知发展理论、拉斯思的价值澄清法、杜威的道德教育理论，苏联的赞科夫等人也对凯洛夫等人的传统教学思想提出了批评。当代美国、英国、法国、日本等这些发达资本主义国家和新加坡等新兴的工业化国家均十分重视道德教育，除了课堂教学之外，还采用多形式进行渗透，各种社团活动、劳动活动和社区服务活动十分广泛和活跃。

三、“思想道德修养与法律基础”课实践教学的内涵

有的学者认为实践教学应是与理论教学相对应的一个概念，是除理论教学之外，所有与学生动手、动脑相关的教学活动。有的学者不同意上述观点，认为：“思想政治理论课实践教学应该走出课堂，投身于鲜活的社会实践中去……应是学生直接参与的感性活动。”也有的学者提出：“所谓思想政治理论课实践教学，简言之就是富含‘社会实践性内涵’的教学。”把握和判定思想政治理论课的实践教学的课程标准，主要不是教学场所是否“在社会”，而是教学内容是否“在社会”，即是否富含“社会实践性内涵”。如前所述，实践是指人类能动地改造物质世界的对象性活动。因此，实践教学应该是一种基于实践的教学理念和教学活动。

对于什么是实践教学，在现有的文章和此类著作中许多作者都曾做出定义，虽然对其理解建立在各自认识的基础上，字面表达不一样，但是对其本质理解是一样的。如它通常指在教学过程中，构

① 黄济：《教育哲学通论》，山西教育出版社 2006 年版，第 479 页。

建一种具有教育性、创造性、实践性，以学生的主体活动为主要形式，以激励学生主动参与、主动思考、主动探索为基本特征，以促进学生整体素质全面发展为目的的教育学观念和教学形式。① 社会实践教学以社会现实问题作为研究的出发点，让学生在实践中自己发现问题、研究问题、探索解决问题的途径，着重培养学生对现实的观察、分析能力，提高解决现实问题的能力，同时引导学生把个人发展规划和社会发展要求结合起来。② 另外有人认为只有让学生走出校门，进入社会才能算是实践教学。也有人认为实践教学分为课内实践和课外实践两种形式，而有人则把实践教学仅仅限于校内实习、见习、暑期社会实践和基地实习三种形式。

笔者认为，“思想道德修养与法律基础”课的实践教学是指在“思想道德修养与法律基础”课课堂理论教学之外，与课程内容相联系的，强调学生主动参与并且由教师主导的教学活动。这个概念包括四个层次的含义：一是思想政治理论课的实践教学是在课堂理论教学之外的教学活动，它既可以在课堂上进行，也可以在课堂外进行；二是思想政治理论课实践教学活动必须是与课程内容有关的，但又不是课程的基本内容，它可以加深对课堂理论知识的理解，但更重要的在于拓展学生的知识面，丰富教学的内容，培养学生的素质和能力；三是“思想道德修养与法律基础”课实践教学必须是教师主导的教学活动；四是“思想道德修养与法律基础”课实践教学必须体现学生的主动参与。

深入理解实践教学内涵还要正确区分理论教学和实践教学，认清它们之间的区别和联系。理论教学和实践教学都是实现“思想道

---

① 柳礼泉：《大学生思想政治理论课实践教学研究》，湖南大学出版社 2006 年版，第 41 页。

② 郭秀萍：《社会实践教学的组织与管理——以“概论”课为例》，《中国电力教育》2009 年 6 月上，第 139 页。

德修养与法律基础”课教育教学目的的教学环节，它们统一在“思想道德修养与法律基础”课的教育教学之中。理论教学是实践教学的前提和基础，实践教学是理论教学的延伸和补充。

同时，二者之间又有明显的区别。首先，理论教学一般以教师讲授为主，重在传导思想、政治、道德观念；实践教学则更强调教师主导下的学生主动参与，使学生在亲身体验和身体力行中加深对所学理论的理解和把握，进而逐步实现从思想、政治、道德认识到行为的转化。其次，理论教学侧重理论的阐述和理解，强调理论知识的学习和理解能力；实践教学侧重理论在实际生活中的应用，强调主体能力的锻炼和优化。最后，理论教学基本上以考试分数为依据，侧重结果评价；实践教学则以体验感受为依据，侧重过程评价。需要指出的是，在理论教学与实践教学的关系中，实践教学虽有不可替代的作用，但“思想道德修养与法律基础”课教学仍然要以理论教学为主，实践教学只是理论教学的辅助环节和手段。

而上述把实践教学仅仅定位在社会实践上的观点，不仅限制了实践教学的内涵和外延，同时也限制了学生通过其他方式参与教育教学的途径。事实上目前大多数高校受各方面条件限制，真正“走出去”去进行社会实践的较少，反而是课堂讨论、观看教学资料片等方式运用得比较广泛。实践教学有大实践和小实践之分。大实践是区别于传统的思想政治理论课课堂教学的一种教学模式，也就是所谓的“走出去”以社会为课堂的社会实践，其形式包括参观访问、社会考察、社会调研以及社区服务等。小实践是指除了理论教学之外的所有与实践相关的课堂教学方式，也就是通常所说的课堂实践教学，其形式包括课堂讨论、观看视频资料、阅读等。以上所有这些活动都应该称为教师是主导，学生是主体，否则就谈不上教学的组织和运行了，那种没有教师在场作指导的分散的参观调查之类的活动不能算作教学活动，就是观看教学资料片后如果没有教师组织的学生讨论以及教师的总结也不能算作实践教学。从教师的主导地位这个角度看，学生课上自学以及专家讲座也不应属于实践教学的范围。

从理论上说，教学形式通常分为理论教学和实践教学两大类，两者最大的不同在于教学的主动性是掌握在学生手里还是老师的手里。理论教学主要的特征表现为以教师为主体，学生为客体进行的理论传授活动。相对而言，实践教学应该是以学生为主体，教师在其中主要是起着一个引导和辅助的作用，是一种基于实践的教育理念和教学活动。

“思想道德修养与法律基础”课教学活动是人类社会实践活动之一，把实践教学概念引入到“思想道德修养与法律基础”课教学活动中来，体现出思想政治教育工作者正确地把握了思想政治教育的规律。“思想道德修养与法律基础”课实践教学与“思想道德修养与法律基础”课的实践教学环节不同，“思想道德修养与法律基础”课实践教学是一种教学活动，也是一种教学理念，实践理念贯穿于整个教学过程中，而“思想道德修养与法律基础”课的实践教学环节是和“思想道德修养与法律基础”课的理论教学环节相辅相成的一部分。“思想道德修养与法律基础”课实践教学也有实践教学环节，并且是“思想道德修养与法律基础”课实践教学的重要组成部分。

综上所述，“思想道德修养与法律基础”课实践教学就是指在“思想道德修养与法律基础”课教学过程中，构建一种具有教育性、创造性、实践性，以大学生的主体活动为主要形式，以激励学生主动参与、主动思考、主动探索为基本特征，以促进学生整体素质全面发展为目的的教学观念和教学形式。“思想道德修养与法律基础”课实践教学活动包括课堂上的讨论、辩论、演讲、现场模拟、实验、视频资料的播放等和各种形式的社会实践活动。“思想道德修养与法律基础”课实践教学按其开展的教学场地不同，可以分为课堂实践教学和社会实践教学两大类。课堂实践教学主要是指在“思想道德修养与法律基础”课的理论教授过程中渗透着实践的教学理念，包括以讨论、辩论、演讲、现场模拟、实验、视频资料的播放等形式为主进行的理论传授，另外也可通过由党团组织、学生会、社团等利用课余时间来组织的一些小型的校园活动来完成理论教学活动。社会实践是“思想道德修养与法律基础”课进行实践教学的一种重要的形式，有着课堂实践所没有的优势。社会实践教学是以社会为课堂，依赖社会资源，学生走出校门进入社会开展的实践教学活动，包括参观考察、基地实习、社会公益活动、观摩、社会调查等，侧重于学生亲自参加社会活动，对社会现实进行了解、分析和判断。

第三节 “思想道德修养与法律基础”课实践教学的基本特征与目标

传统的“思想道德修养与法律基础”课教学的特点是教师讲、学生听，教学过程比较单一。教师是整个教学过程的中心，学生在整个过程中的地位是被动的。加入了实践教学的“思想道德修养与法律基础”课强调学生积极参与到课堂和社会实践活动中去，它同以往的“思想道德修养与法律基础”课教学在基本特征和目标上有明显的不同。

一、“思想道德修养与法律基础”课实践教学的基本特征

“思想道德修养与法律基础”课实践教学是相对于理论教学的一种新的教学形式，同理论教学相比，“思想道德修养与法律基础”课实践教学呈现出以下一些特征。

（一）教学目的具有思想性和政治性

设立思想政治理论课的目的之一，就是要解决大学生对思想政治理论的真学、真懂、真信、真用问题。开展“思想道德修养与法律基础”课的实践性教学活动的目的就是为了实现以“思想道德修养与法律基础”课为载体来提高大学生思想道德素质和法律素质的教学目标，一方面要求实践性教学目标与理论教学目标协调一致，体现实践性教学对理论教学的深化趋势；另一方面，实践性教学活动要列入学时计划，从操作层面上解决理论教学与实践教学的协调统一问题。这样就能使学生在实践中学习领会马克思主义基本理论，树立正确的世界观、人生观和价值观，形成良好的思想政治素质，在实践中不断增强服务国家、服务人民的社会责任感。

（二）实践教学内容具有广泛性

“思想道德修养与法律基础”课实践教学要培养学生运用理论观察社会、认识社会和解决问题的实际能力。由于社会生活本身领域宽泛，内容繁多，因此“思想道德修养与法律基础”课实践教学在具体的教学内容上所涉及的范围也就非常广泛。它涵盖了社会的政治经济、思想文化、生态环境、政治法律等多方面、多领域的热点难点现象及其问题。这就要求“思想道德修养与法律基础”课实践教学不仅要重视理论教学，而且应把课堂教学延伸到社会，尽可能地弥补课堂教学知识面窄的缺陷。

（三）实践教学形式具有多样性

“思想道德修养与法律基础”课实践教学在开展的过程中，不像传统的理论讲授那样局限在课堂上，而应该在教师的指导下，一切有利于学生对“思想道德修养与法律基础”课的学习、理解、掌握、巩固、运用和发展的活动，都可以视为广义的实践教学。因此，“思想道德修养与法律基础”课实践教学形式既包括课堂实践教学中的课堂讨论、课堂辩论、情景模拟、演讲比赛、影视欣赏等，又包括课外经典阅读、社会调查、勤工助学、志愿公益活动等形式。灵活多样的实践教学形式，可以提高实践教学的趣味性，激发学生参与实践教学的热情，培养学生参与实践教学的主动性和创造性，最终增强“思想道德修养与法律基础”课的实效性。

（四）实践教学对象具有主体性

与传统的思想政治理论课教学不同的是，“思想道德修养与法律基础”课实践教学的重点不是给学生传授理论知识，而是增强学生服务国家、服务人民的社会责任感，勇于探索的创新精神和善于解决问题的实际能力。所以，在实践教学活动中，教师对学生的实践学习只能是做出启发、导向、指引，而不能完全管控、替代甚至包办。从实践计划的设计，到实践行动的实施，直至实践结果的总结和反思，都需要学生亲力亲为。正是在不断的实践、观察、了解、思考与反省中，学生逐步认知自己，完善自己，提升自己。为此，“思想道德修养与法律基础”课实践教学要充分尊重学生的主体性，充分发挥学生自我教育、自我学习和自我约束的潜能，全力培养学生的主动性、积极性和创造性。

（五）实践教学组织管理具有系统性

思想政治理论课实践教学被列入大学生的培养计划和课程设置的体系中，有着单独的课程大纲和计划、内容和形式、学分和学时、考核和成绩等基本要素。“思想道德修养与法律基础”课作为四门思想政治理论课程之一，在组织管理上也应系统考虑。既要根据课堂教学的要求和各类实践性教学的特点安排活动，使其具有教育的针对性，又要考虑各类实践性教学活动的科学组合、相互衔接，以形成体系，充分发挥系统整合的教育功能。这就要求把实践性教学作为课程教学的重要环节和部分，始终贯穿于教学体系之中，有目标、有计划、有步骤地开展具有内在联系性的“思想道德修养与法律基础”课实践性教学活动。

（六）实践教学过程具有“知”“行”统一性

“思想道德修养与法律基础”课实践教学的目的在于让学生把知与行结合起来，把学习与践履结合起来，把学习规范与遵守规范结合起来，使知识转化为内在素质。因此，“思想道德修养与法律基础”课实践性教学过程重在对大学生在人生观、价值观、道德观、法制观等方面遇到的理论和实践问题创造性地做出科学的回答和阐释，并使之不断平衡发展和协调适应，最终达到学生理论与实践的结合，知行统一，使知与行从旧质到新质循环发展，形成符合一定社会要求的相对稳定的心理特征、思想倾向和行为习惯。

（七）实践教学考核评价具有灵活性

鉴于“思想道德修养与法律基础”课程在形式上具有多样性，在教学内容上具有广泛性，学生的学习与践行又体现在方方面面，显然不能用某种整齐划一的标准来考查学生实践教学课程的学习成绩。总的来看，“思想道德修养与法律基础”课实践教学或者侧重考核学生对马克思主义理论的理性认识能力，或者侧重考核学生运用该理论观察和分析社会问题的能力，或者侧重考查学生在某一方面的学术研究能力，或者侧重考查学生情感态度、价值取向、法律素质等。因此，在“思想道德修养与法律基础”课实践教学考核评价过程中，要做好过程管理与过程评价相结合，评价尽量做到客观公正。

二、“思想道德修养与法律基础”课实践教学的目标

“思想道德修养与法律基础”课实践教学的总体目标是通过教学实践，使大学生能够尽快适应大学生活，牢固树立社会主义核心价值观，形成良好的思想道德素质和法律素质，成长为全面发展的社会主义事业的合格建设者和可靠接班人。这个目标在整个实践教学过程中起着导向作用。具体来讲，体现为以下三个具体目标。

（一）“思想道德修养与法律基础”课实践教学的知识目标

通过教学，学生能够认识大学生活的特点，了解高等教育的内涵、特征、发展趋势，明确“思想道德修养与法律基础”课的性质和目的。确立和坚定理想信念，将远大理想与对祖国的高度责任感、使命感结合起来，做新时期坚定的爱国者。学生通过系统学习人生观、价值观理论，能够深入思考有关人生是什么、人生意义是什么等基本问题，领悟人生真谛，树立正确的人生观、价值观，积极投身人生实践，创造有价值的人生。学生要能了解社会主义道德基本要求、中华民族优良道德传统、社会主义荣辱观、公共生活中的道德与法律规范。了解职业道德的涵义及养成、职业未来的发展趋势，掌握择业与创业的方法，明确劳动者依法享有的权利和维权的途径。学生必须了解我国宪法确立的基本原则和制度，养成社会主义法律思维习惯，在日常生活中能够做到从法律的角度思考、分析、解决法律问题，做一个知法懂法守法的合格公民。

（二）“思想道德修养与法律基础”课实践教学的能力目标

通过教学，学生能够在了解大学生活的特点、高等教育在我国发展的现状和趋势的基础上，深刻认识大学生的历史使命，初步培养学习生涯和职业生涯的规划设计能力。能够在明确个体对自然、

社会、他人和自身应该承担责任的基础上，提高学习、交往及自我心理调节的能力，培养合理生存和职业岗位的适应能力。能够将道德的相关理论内化为自觉的意识、自身的习惯、自主的要求，成为校园道德生活的主体，提升职业实践中德行规范的意识和能力。能够在熟悉职业素质、职业理想及选择、职业法规等内容和要求的基础上，培养成功就业和自主创业的意识和能力。能够运用与人们生活密切相关的法律知识，在社会生活中自觉遵守法律规范，分析和解决家庭生活、职业生活、社会生活等领域的现实法律问题。同时，不仅要对大学生的心理、行为、学习和目标选择等方面的人生误区从理论上做出较为客观的分析，更要在此基础上，通过实践性教学，有针对性地提出一些走出人生误区、提高大学生活质量、奠定人生未来发展基础的具体操作技巧，指导学生在生活实践中加以理解和运用，力求从技术层面上帮助大学生提高生活实践和驾驭人生的本领。

（三）“思想道德修养与法律基础”课实践教学的价值目标

“思想道德修养与法律基础”课实践教学的核心目标是提高大学生的思想道德素质和法律素质，把当代大学生培养成为德才兼备的社会主义建设者和接班人。“思想道德修养与法律基础”课实践教学的有效开展，为大学生提供了接触社会、直面社会的机会；使大学生更多地了解社会生活，自觉砥砺品行、完善人格，加强能力塑造；使学生具备科学的世界观和方法论，进而转化为对党和国家的路线、方针、政策的认同，增强对国家、民族、人民的认同和热爱；具有中国特色社会主义的理想信念，学会把个人的前途命运和自我价值的实现与国家的发展联系起来，坚定中国特色社会主义共同理想，坚持道路自信、理论自信、制度自信和文化自信，自觉肩负起实现中华民族伟大复兴的重要使命。

第二章 “思想道德修养与法律基础”课实践教学的主要类型

“思想道德修养与法律基础”课教学的本质特征是实践性。实践性教学是实现思想道德和法律理论知识内化与外化相结合的中介，是增强教学针对性与实效性的重要途径，在推进教学改革、教育创新、课程建设中具有特殊意义。加强“思想道德修养与法律基础”课实践教学，必须依据教学规律、教学实际，结合教学内容，选择适当的实践性教学类型。

实践性教学具有多种类型和模式。以场所划分，实践性教学可以分为课内实践性教学和课外实践性教学；以主体划分，实践性教学可分为个体性实践教学和集（群）体性实践教学；以方式划分，实践性教学可分为现实性实践教学、模拟性实践教学和虚拟性实践教学；以内容划分，实践性教学可分为自我完善性实践教学、公益服务性实践教学和社会考察性实践教学；以功能划分，实践性教学可分为引导性实践教学、认知性实践教学、体验性实践教学、评价性实践教学、养成性实践教学和综合性实践教学等类型。这些分类都有一定的道理，但是，笔者根据自己20多年的“思想道德修养与法律基础”课教学经验，将“思想道德修养与法律基础”课实践教学分为课堂实践教学、校园实践教学、社会实践教学三种类型，其中课堂实践教学为基础，是实践教学的认识性环节；校园实践教学为重点，是实践教学的理解与体验性环节；社会实践教学为辅助，是实践教学的深化与运用性环节。这三种类型相互联系、相互影响、相互渗透、相互补充，形成一个整体，从而形成了“思想道德修养与法律基础”课实践教学体系。

第一节 “思想道德修养与法律基础”课课堂实践教学类型

“思想道德修养与法律基础”课课堂实践教学，是指教师以课堂为载体，以学生为主体，指导学生通过课堂讨论、主题辩论、情景式教学、主题演讲、影视赏析等方式，将理论运用于实际的教学形式。“思想道德修养与法律基础”课课堂实践教学并不是淡化或回避理论灌输，而是为达到更好地引导学生参与课堂教学，提高学习和掌握理论知识的效果。在教学活动过程中，教师可以根据教学内容合理选择最恰当的实践方式。教师可以围绕某一观点以活动为载体，以学生为主体展开形式多样的互动，让学生在活动中体验感受、净化心灵、陶冶情操，增强对课程内容的接受度。

一、课堂讨论

“思想道德修养与法律基础”课实践教学的内容涵盖社会主义核心价值观、理想信念、中国精神、民族精神、时代精神、人生观、道德、法律等与大学生日常生活和当今社会紧密结合的话题。因此，“思想道德修养与法律基础”课课堂实践教学中的课堂讨论，既要把握教材内容，又要关注社会热点问题。把握教材内容是为了避免讨论结果脱离人才培养目标和教学目的，关注社会热点问题是为了避免讨论过程陷入枯燥乏味之中。因此，教师在备课中要反复甄别，在社会热点问题中寻找与教材的结合点，找到合适的讨论对象。讨论的问题应具有一定的开放性和深度，能够引起学生的探讨。“思想道德修养与法律基础”课中的概念是人们所熟知的，也很少有难懂的理论。仅仅停留在讲解概念和理论上，会使大学生感到这门课程缺乏挑战性。课堂讨论正好弥补了这一点，能够使这门课程具有更大的挑战性、灵活性和趣味性，有利于提高学生上课的积极性。

以“思想道德修养与法律基础”课教材（2015年修订版）为例，实践中可以设计很多课堂主题讨论的话题。如在绪论“珍惜大学生活 开拓新的境界”的教学中，教师可以设计实践主题“我的大学生涯规划”，目的在于帮助大学生结合自身专业、兴趣、爱好与特长，及早地立下自己的志向，设计科学、合理、切实可行的大学学习、生活目标，增强学习上的积极性与主动性、自觉性与自律性，以明确的目标摆脱初入大学所产生的困惑与迷茫。在第一章“追求远大理想 坚定崇高信念”的教学中，教师可以设计实践主题“我的未来、我的梦”，具体形式可以让学生各自阐述自己的理想，学生和教师进行分析点评。第一章第三节“在实践中化理想为现实”教学过程中，可以以电视剧《平凡的世界》为开端，引导学生去读原著，了解主人公们的梦想与真实人生之间的区别以及主人公们对待人生的信念。在此基础上，教师组织学生对理想和现实之间的关系展开讨论，帮助学生形成百折不挠、乐观向上的态度，让学生真正体会到理想与现实的关系，认识到实现理想的长期性、艰巨性和曲折性。在第四章“注重道德传承 加强道德实践”中“恪守公民基本道德规范”的教学中，引入“失信的成本”“作弊的代价”等典型案例，通过案例的分析和讨论，引导学生树立诚信意识。再以第五章第一节“社会公德”为例，社会公德是大学生日常生活接触最多的领域，也是道德体系中的基础部分。这一节的讨论对象可以结合现今的交通领域中的热点问题——路怒症来进行探讨，给出一个真实的案例，让学生置于情与理的矛盾中，对案例中的人和事进行评价。最后，教师对学生的答案进行纠偏，引导学生理性、全面地认识问题和评价问题。

实施课堂讨论要注意以下几个问题：一是讨论主题要好。讨论主题应该是教学的重点、难点或者是社会焦点、热点，并且具有思辨性和可辩性。二是讨论前准备要充分。老师应提前2 ~3周将主题告诉学生，给学生以充分的时间查找资料，整理发言稿。三是教师要加强引导和启发，要引导学生围绕主题展开讨论，防止跑题偏题或冷场等现象。四是教师要积极处理课堂讨论中出现的错误、极端的观点及讨论占用时间过长等突发情况，以免教学任务不能按时完成。五是讨论后要有总结提升。教师要作画龙点睛的总结分析，提升讨论的角度、高度与厚度，同时激励学生将讨论中的收获成果化。

二、主题辩论

“思想道德修养与法律基础”课主题辩论是指教师结合教学内容，选定若干主题，指导学生运用马克思主义立场、观点和方法对其进行正反两方面的辩论。主题辩论有利于激发学生思维，加深对知识的理解，培养学生发现问题、思考问题、分析问题的能力和表达能力，同时有利于活跃课堂氛围，提高学生的参与积极性和主动性，有利于学生展示和表现自我。作为实践教学的一种方式，课堂辩论的重点不在结果而在于过程，“辩”即认识和掌握真理，“论”即诠释和捍卫观点，最后达到“真理越辩越明”的目的。在正反面论点交锋的过程中，不仅能够促使学生更加深入地理解课程内容，拓展自己的理论视野，联系实际，增强自己的思辨能力，提高是非善恶的辨别能力，厘清冲突与困惑的价值理念，更在一定程度上增强了团队合作能力，锻炼了协作精神，深刻地领会人类的社会属性，可谓是一举多得。

为了达到良好的教学效果，课堂辩论必须要精心组织。首先是选取辩题。一是辩题一般需来自教学重点和难点部分，尤其是学生观念冲突和困惑的部分，让学生自己在实践中进行对比判断。二是选择学生较为关注的热点话题，使得学生有兴趣深入探究。三是根据学生特点，选择难度适宜的辩题，莫测高深的辩题容易冷场并引发消极情绪，适得其反。例如，经过数次实践，笔者认为在第一章第三节安排“当代大学生是否需要继续发扬艰苦奋斗的精神”这类主旋律辩题，能够引导学生科学地实现理想信念；在第五章中安排关于爱情或者婚姻的辩题，有利于激发学生的探究兴趣，树立正确的爱情观。其次，加强教师指导，在辩前辩中贯穿重点难点的内容，使辩论紧扣主题，结合教材内容。辩后的点评一定要与现场辩论相结合，不能简单走过场，不能照本宣科且过于政治化，这样不仅达不到效果，反而会造成学生的抵触情绪，打击学生的参与热情。如果点评得当，将会远远好于课堂讲授的效果，使学生在主动参与的同时真正学以致用，深入理解并掌握相关的理论知识。教师应升华主题，引导学生知行统一，把道德要求和法律规范内化于心中，外化于行为，提高社会角色的适应性，真心实意地得出符合我国实际的正确思想观念。

三、情景式教学

所谓情景式教学，是指在教学过程中教师有目的地引入或创设具有一定情绪色彩的以形象为主体的生动具体的场景，以引起学生一定的态度体验，从而帮助学生理解教材，并使学生心理机能得到发展的一种教学模式。“情景式教学”简单地说，是教师在授课的过程中将情景模拟这种形式作为教学方法引入并运用于课堂教学过程中。“情景式教学”具体来说，就是在一个班内，学生自由组成若干个小组，围绕同一主题，用不同的视角将生活中的某些场景进行模拟再现，学生既是导演、演员又是编剧，还是观众、评委。情景式教学充分体现课堂以学生为主体的教育导向，使班内每一位学生都融入其中，在锻炼提高能力的过程中将各自不同的才能展现得淋漓尽致，同时有助于激发学生参予热情，活跃课堂气氛，提高教学效果。

道德教育是“思想道德修养与法律基础”课的重要内容，引入情景式教学会增强道德教育的实效性。在进行情景式教学设计时，要着重考虑大学生自身状况、道德教育的实效性以及情景创设等因素，以保证教学设计的科学性。在实际教学中，应以道德价值教育作为核心，以法律与道德的价值对比情境、中国传统道德的文化情境和现实问题情境作为表现平台，以增强教学效果。

情景式教学的主题选择要合理，要有现实意义，是社会中能够听到、看到、感觉到的社会现象，是能够引起大家共鸣的社会问题，这样才能激发学生参与的热情，调动学生讨论的积极性，才能模拟好，领悟透。

四、主题演讲

“思想道德修养与法律基础”课主题演讲，是指立足于学生的思想建构和引领，根据专题设计的内容，教师采用演讲的方式实施教学，学生以演讲的方式参与教学，通过科学规划，师生通过演讲交流思想、认同价值，从而有效进行思想政治教育的一种教学方法。

主题演讲核心是学生，特点是内容集中、指向明确、理论突出、重点鲜明、语言精练，表现方式富有激情，以其强烈的感染性、启发性、针对性，牢牢吸引教育对象。比如第一章“追求远大理想 坚定崇高信念”，对于大一新生来说，如何有机地把实现自己的理想与实现中国梦结合起来，并成为坚定崇高信念的自觉行动，这时就可实施主题为“追梦”的演讲活动。第二章可以开展爱国主义主题演讲活动。这种模式能极大地调动学生的积极性和参与性，激发课外与课内的互动，对教学起辅助作用。

主题演讲作为一种定向性的教学活动，它的基本特点是主题明确、重点突出。在“思想道德修养与法律基础”课教学中，教师主题演讲要能吸引学生，必须深入思考学生思想品德建构方面的具体问题，以精彩的语言系统，把问题呈现出来，一个一个专题地充分解析，才能形成思想强化链条，才能以丝丝入扣的分析吸引学生，引导学生，才能做到“三观”教育在春风化雨中入耳、入脑、入心。

五、影视赏析

教师根据教学内容和教学目标的需要，带领学生集中欣赏一些与“思想道德修养与法律基础”课理论教学紧密相关的具有较高教学价值的经典影视教学片，直观地学习、理解拓展教学内容。影视教学法是指通过多媒体播放录像、录音、视频、电影等影音视频材料开展教学活动的方法。这种新的教学方式主要是由教师把关，选取情节生动、主题高尚、故事性强的中外影视作品及一些短片、精彩视频穿插在课堂教学中为学生放映，必要时组织学生讨论，并要求学生写出观后感，由教师进行审阅批改及整理分析。这种方法新颖独特，能够调动学生学习的积极性，提高学生学习兴趣，增强了思想政治理论课教学的吸引力，使“思想道德修养与法律基础”课成为学生愿意上、喜欢上的课程之一。

目前，高校基本上都实现了现代化教学，幻灯机、投影仪、录音机、录像机、电视机、计算机网络等多媒体教学手段，为影视作品进入教学提供了设备保障。近些年，一大批弘扬爱国、励志、奉献等主旋律的优秀影视作品不断涌现，例如电影《建国伟业》、《建党大业》等；电视剧《恰同学少年》、《我是真的》等；以及大型纪录片如《复兴之路》等，这些作品体现了思想性、艺术性和观赏性的有机统一，弘扬了主旋律，体现了时代精神，将这些作品和所学的理论相结合，可潜移默化地使学生乐于接受传递给他们的知识。同时，国外的一些优秀影视作品，比如《风雨哈佛路》、《当幸福来敲门》等，这些影视作品主题鲜明，激励人们的意志，为影视作品进入课堂提供了素材保障。

影视教学法的最大特征就是新颖独特，在“思想道德修养与法律基础”课教学中巧妙运用优秀影视作品，可以激发学生的学习兴趣，培养学生分析问题和解决问题的能力，提高教学效果。选择优秀影视作品作为教学案例应该遵循主体性、时代性、教育性和趣味性等原则，真正体现教书育人的基本要求。当然，如何更好地发挥优秀影视作品在基础课中的作用，还需要教师在教学实践中继续探索。

影视赏析要注意以下几点：一是必须严格筛选经典影视作品，要选取集思想性、历史性、文化性、政治性于一体的影视资料。二是在影视作品赏析前，教师要提出赏析要求，如学生发表感想或者撰写观后感等。三是教师应掌握必要的剪辑技术，避免因一部完整的影视作品播放时间过长而挤压或冲淡理论教学时间，不能用播放影视作品替代教师的教学活动。

第二节 “思想道德修养与法律基础”课校园实践教学类型

校内课外实践是“思想道德修养与法律基础”课堂教学的延伸与补充，通过组织学生开展行为反思、现身说法等活动，并引导学生参与校园公益活动、社团组织、校园文化建设，将本课程中的思想道德教育和法制教育在更为广泛的空间和层面上展开，使学生在切身体验和感受中强化教学效果。大学校园作为社会的一隅，折射出许多社会问题；同时，它又是大学生学习生活的主要区域，与学生生活联系最为密切。因此，校园应当是大学生道德与法律实践的主要场所，“思想道德修养与法律基础”课应通过三个层面来实施校园实践教学。

一、在校园文化活动中突出“思想道德修养与法律基础”课主题

校园文化对每一个大学生的健康成长都产生巨大的影响，特别在大学生的政治思想和价值观念的教育导向上起着不可替代的作用。为此，在大一新生的“思想道德修养与法律基础”课中融入校园文化教育，在净化学生心灵、升华学生人格、拓展学生素质等方面有着非常重要的作用。根据“思想道德修养与法律基础”课的教学需要，教师可以围绕相关主题开展思想性较强的校园文化活动，可以学生社团为重点，开展学术活动、艺术活动、公益活动，以及开展各类主题活动，充分发挥校园文化建设的德育功能。如在绪论“珍惜大学生活 开拓新的境界”的教学中，教师可以在讲授心理健康重要性理论知识的基础上，针对新生心理适应性的教学内容设计实践主题，开设心理沙龙、心理拓展等活动，帮助学生在强化心理卫生意识的同时，提升处理人际交往心理、学习心理等问题的能力。在第一章“追求远大理想 坚定崇高信念”中

举行以理想信念教育为核心的演讲、党史展览、英模报告会等活动。在第二章“弘扬中国精神 共筑精神家园”中举行以爱国主义教育为重点，深入开展弘扬和培育民族精神的教育活动。教师可以组织学生开展“主题艺术节”，进行有关中国乡音、乡情、乡土为内容的优秀传统文化的创作、演绎或者推介，通过学生创作、演绎和推介，让学生体会其蕴含的深刻的民族特征。在第三章“领悟人生真谛 创造人生价值”中举行影视欣赏、主题演讲、英模报告、志愿服务等活动，帮助学生树立正确的人生观、价值观、世界观。在第四章、第五章中以道德规范为基础，深入进行社会公德、职业道德和家庭美德教育。在“公共生活中的道德与法律”教学中，教师可以在讲授劳动意义和价值等理论知识的基础上，设计校园公益劳动和“校园职业劳动体验”，组织学生参与校园必要的公益劳动或者参与校园保洁、保安、舍务管理员等职业体验，在进行职业角色体验的过程中，提升劳动光荣、尊重和珍惜他人劳动成果等认识。在第六、七、八章中，教师可以以学生法律意识为核心，组织普法讲座、法律知识竞赛、青少年违法图片展、反腐倡廉图片展等活动。

结合“思想道德修养与法律基础”课实践教学组织校园文化活动时应遵循几个准则：一是注重切合时代主题。开展校园文化活动时，应坚持在社会主义核心价值观指导下，弘扬主旋律，弘扬民族精神，弘扬时代精神，弘扬人文精神，促进校园文化活动与道德法律教育紧密结合，着力营造时代性强的校园文化氛围。二是注重打造自身品牌。校园文化活动一定要形成自己的品牌，彰显自己的特色，打造“‘思想道德修养与法律基础’课校园文化实践育人”品牌，力求在学生中产生强大的品牌魅力，给学生创造一个有形而庄重的心理“磁场”。三是要按照学生为主、教师为辅的原则，根据“思想道德修养与法律基础”课理论教学的内容设计实践主题，多采取体验式、参与式的实践教学方式。

二、在校内实施“思想道德修养与法律基础”课主题调研

第一学期对于大一新生来说，非常重要。在这一学期里，学生要从高中生的角色向大学生进行转换，在学习方式上，要从应试教育向素质教育转换，在学习心理上，要由学校和教师督促着学习向自主学习转换，在学习要求上，要由一般性文理分科科目学习向专业性学习转变，而且知识的广度深度也大大加深，在生活环境上，学生也远离家乡、远离父母独立生活，在社会活动上，学生也由单一的课堂学习转变为课堂课外丰富多彩的各种学习活动。因此，“思想道德修养与法律基础”课教师应根据学生身心发展的阶段性特点，组织学生的校内调研活动。学生刚跨入大学校门时，对陌生环境会感到不安、焦虑和紧张，会充满着好奇与迷茫。如何学会适应新的环境、适应大学的学习和生活，是摆在他们面前亟待解决的一个重要课题。这时，我们可以就大学新生的适应问题设计问卷组织调查，如组织“大学新生学习适应与调适状况调查”、“大学新生心理适应与调适状况调查”等调查。在调研的同时，我们可以举办以“答疑、解惑、咨询——为你托起成功的翅膀”为主题的老生经验交流会，向新生介绍如何尽快地适应大学生活的经验，帮助新生及早完成角色转换，增强其在学习和生活上的独立、自立的意识。

三、在课后作业中渗透“思想道德修养与法律基础”课精神

“思想道德修养与法律基础”课的内容具有鲜明的实践性，课堂理论教学的内容要在课后的实践学习中落实。首先，“思想道德修养与法律基础”课每一章课后有“学习思考”栏目，基本上是四个左右的思考题，该思考题重在将学生对思想道德和法律修养的知、情、意、行结合起来，目的在于让学生通过个人的主观努力和亲身实践，在学中做，在做中学，学以致用，不断增强自我教育、自我约束、自我激励的能力，慎独自守，防微杜渐，不断提高自身思想道德素质和法律素质。

其次，教师可以围绕“思想道德修养与法律基础”课有关主题布

置课后延伸阅读作业和撰写小论文。社会生活丰富多彩，教师可以将社会生活、经典阅读等内容充实到学生的课后作业中，让学生真正达到“动情、动心、动脑、动口、动手”的“五动”状态，促使学生在实践中提高认识，并产生新的认识，提高学生运用所学理论分析实际问题的能力。如根据课程主题让学生阅读相关经典书籍，撰写观后感等读书报告，如针对社会上少数人道德沦丧、法治观念淡薄的现象，结合所学内容，布置写小论文、建议书、进行社会访谈等课后作业，促使学生实现由感性认识到理性认识的飞跃，增强道德和法治观念。

最后，以“思想道德修养与法律基础”课课后作业为载体构建学习型团队。“思想道德修养与法律基础”课课后作业应打破传统的一味强调“独立完成作业”的观念，可以组建男女搭配等形式的学习小组，倡导协同合作，群策群力，从而促进研究性学习的开展。如可以创建以宿舍为单位集体研讨作业模式，构建学生自主学习和交流的全新平台，实现课堂教学的有效延伸，打破学生学习、完成作业以个人或小组为单位的传统形式，并以宿舍为固定的学习单位代替原来的班级学习小组，充分利用宿舍资源促使集体研讨的有效进行。

第三节 “思想道德修养与法律基础”课社会实践教学类型

社会实践就是指教师利用实践教学时间和寒暑假指导组织学生进行社会调查、参观访问、社会服务、志愿者服务等活动，引导学生将书本知识与社会实践相结合，外部教育和自身体验相结合，培养学生品德践行能力，做到知行统一。实践教学在层次上必须从课堂、校园延伸到社会，在社会实践中搭建知行合一的桥梁。中共中央、国务院《关于进一步加强和改进大学生思想政治教育的意见》明确提出：社会实践是大学生思想政治教育的重要环节，对于促进大学生了解社会、了解国情，增长才干、奉献社会，锻炼毅力、培养品格，增强社会责任感具有不可替代的作用。因此，我们必须充分认识社会实践教学的重要意义，以“周边社区”和学校建立的实践教学基地为载体，紧密结合当前改革中出现的热点和难点，以及人民群众关注的焦点问题，努力探索社会实践教学的途径和有效方法。在进行“思想道德修养与法律基础”课程实践教学中，我们必须紧密结合“思想道德修养与法律基础”课程理论教学的内容创新社会实践教学载体，主要在以下三个方面不断挖掘社会实践的育人作用。

一、组织志愿者开展社区服务活动

“思想道德修养与法律基础”课是高校对大学生实施思想政治理论教育的主渠道之一，在教学中融入志愿精神相关内容，既有利于宣传志愿服务理念，弘扬志愿精神，也有利于大学生提高思想道德修养和法律修养，增强本课程的教学效果。通过志愿服务，不仅能够为大学生打造一个接触社会的平台，提升他们为他人服务意识，同时亦能增强其社会实践能力，让大学生提前感受课本之外的社会生活形式，发挥他们的主观能动性。

结合“思想道德修养与法律基础”课教学内容，教师可以在两个方面组织大学生志愿者活动，一是根据“思想道德修养与法律基础”课理论教学的内容，辅之以社会实践教学。比如在第三章“领悟人生真谛　创造人生价值”和第四章“注重道德传承　加强道德实践”教学中，教师可以组织学生志愿者开展社区服务活动，积极开展助学、助老、助残、送文化等志愿服务活动。让学生深刻领会志愿精神的自愿、不计报酬、利他的要义。二是结合学生所学专业，建立一个覆盖高校周边社区的志愿者服务网络，开展助学、助老、助残、家政服务、环境整治、法律宣传、医疗卫生等多个项目的志愿服务。如可通过组织实施“读书计划”等引领社区崇尚知识、崇尚科技的风尚；以“关注孩子健康，促进家庭和睦”为主题，向社区居民进行法制和心理知识的宣传与咨询；在社区设立“家电维修部”，免费为社区居民维修家用电器等。

大学生通过参加志愿者行动，可以将自己与社会融为一体，把服务他人与教育自我有机结合起来，一方面可以增强大学生的社会责任感、奉献精神和公民意识；另一方面也可以开阔视野，丰富人生经验，锻炼和增强参与社会事务和公共事务的能力，提高专业知识水平和技能。

二、组织参观访问活动

俗话说“百闻不如一见”，亲身体验更有利于形成最直观的印象和最真切的感受。按照“思想道德修养与法律基础”课理论教学的特点和教学内容，教师可以组织学生深入革命纪念馆、烈士陵园、伟人故里、博物馆、企业、乡镇、村庄、农户进行参观、考察、访问，通过亲身参观体验，学生能够形成最直接的印象和最深刻的感受。教师可以在三个方面组织参观访问活动，一是组织学生到改革开放前沿和经济社会发展成效显著的地方和单位参观学习，使学生更加直观地了解改革开放以来我国社会主义建设所取得的伟大成就，增强学生的历史责任感和认同感，激发他们全面建设小康社会、实现中华民族伟大复兴的责任感。二是组织学生到革命纪念地、博物馆、纪念馆、展览馆、烈士陵园等爱国主义教育基地参观学习，了解中国革命的历史，增强学生对党的感情，对社会主义的热爱，形成马克思主义的世界观、人生观和价值观。三是组织学生访问爱国、诚信、友善、奉献等先进典型人物，先进典型的事迹具有可亲、可近、可信、可学的特点，易于被学生所接受。四是教师可以组织学生到法院旁听，到监狱或者警示教育基地进行参观，培养学生规则意识和社会主义法治思维，自觉维护社会主义法律权威，努力成为法律权威的坚定维护者。参观访问活动完毕，教师应要求学生写出参观记、访问记。

三、组织假期社会调查活动

社会调查是指人们运用特定的方法和手段，从社会现实中收集有关社会事实的信息资料，并对其做出描述和解释的一种自觉的社会认识活动，具有实践性、客观性、综合性三个特点。教育部等部门《关于进一步加强高校实践育人工作的若干意见》（教思政〔2012〕1号）明确指出：“每个学生在学期间要至少参加一次社会调查，撰写一篇调查报告。”大学生社会调查活动作为一种实践教学活动，对提高“思想道德修养与法律基础”课教学具有实效性，对提升大学生思想道德素质和法律素质，实现学生全面发展具有重要意义。

“思想道德修养与法律基础”课课时少，教学内容丰富，要根据社会调查方法的特点，合理选择教学内容，正确使用社会调查教学方法，才能达到教学目的。结合“思想道德修养与法律基础”课教材内容，教师和学生要紧扣教材重点内容精心设计调研题目，可以组织学生进行“社会主义核心价值观认同感调查”、“我国公民政治观调查”、“我国公民的金钱观调查”、“我国公民幸福观调查”、“我国公民的社会公德现状调查”、“我国公民的职业道德素养调查”、“我国公民法律素养调查”等。同时，学生也可以深入社会各领域，对社会热点难点问题或者自己感兴趣的社会问题进行调查研究。

大学生社会实践活动是引导学生走出校门、接触社会、了解国情，使理论与实践相结合、知识分子与工农群众相结合的良好形式；是大学生投身改革开放，向群众学习，培养锻炼才干的重要渠道；是提高思想觉悟、增强大学生服务社会意识，促进大学生健康成长的有效途径，有助于大学生更新观念，树立正确的世界观、人生观、价值观。

第三章 “思想道德修养与法律基础”课实践教学的主要内容、参考选题和考核机制

大学生是国家宝贵的人才资源，是民族的希望、祖国的未来，肩负着人民的重托、历史的责任。大学阶段，是人生发展的重要时期，是世界观、人生观、价值观形成的关键时期。怎样处理好理想与现实、个人与集体、竞争与合作、权利与义务、自由与纪律、友谊与爱情、学习与工作等方面的关系，做什么样的人，怎样做人，怎样的生活才有意义，怎样的人生追求才有价值等，这一系列的人生课题，都需要大学生去观察、思索、选择、实践，同时也需要思想上的教育和引导。“思想道德修养与法律基础”课是帮助大学生树立正确的世界观、人生观、价值观，加强自我修养，提高思想道德素质和法律素质的课程，对于大学生正确认识社会、正确认识他人、正确认识自己，促进德智体美全面发展具有重要意义。因此，“思想道德修养与法律基础”课实践教学是达到本课程教学目的的重要手段之一，其实践教学内容也成为教师和学生的连接桥梁和纽带，因而其教学活动的开展也应围绕实践教学主题来展开。实践教学内容应该围绕时代热点、社会焦点、学生关注点和疑点，依据“思想道德修养与法律基础”课主要内容、教学目标和教学侧重点来确定，提炼并形成一整套逻辑性强的实践教学内容体系。

第一节 “思想道德修养与法律基础”课实践教学的主要内容

“思想道德修养与法律基础”课实践教学的主要内容应该是实践教学活动中连接学生和老师的桥梁和纽带，也是实践教学主题的展开。“思想道德修养与法律基础”课实践教学内容应该围绕时代热点、社会焦点、学生关注点和疑点，依据“思想道德修养与法律基础”课教学主要内容、教学目标和教学侧重点来确定，并提炼和形成一套贯穿于学生大学生活全过程的实践教学内容体系。“思想道德修养与法律基础”课程实践教学的重点包括道德修养与人生品格、爱国情怀与人生责任、理想追求与人生价值、理想职业与职业理想、职业道德与职业发展、法律规约与人生行为等内容。“思想道德修养与法律基础”课程实践教学的难点是消除课程内容的重复感，把德育内容与学生的人生发展紧密结合起来，在宏大理论背景和社会实践背景中，加强针对性，消解学生的重复感，消除德育理论与德育社会实际的反差感。尊重事实，不回避问题，坚持道德批评与道德建设相统一的态度和学风，避免停留在道德批评的层面，真正投入道德建设的实践中，消除课堂教学的空洞说教感。通过采用案例分析、问题探讨、情景模拟、实践体验等教学方法，改革考试方式，调动学生参与教学的主体积极性，让学生在参与中促进综合素质的提高。

一、关于新生适应和历史使命问题的实践教学

这一板块内容主要体现在“珍惜大学生活　开拓新的境界”这一章。这一章的教学内容主要是适应人生新阶段，肩负历史新使命，学习和践行社会主义核心价值观，学习“思想道德修养与法律基础”课的意义和方法。其教学基本要求是通过教学启发和帮助学生全面了解大学生活和学习特点，明确大学生成才目标和历史使命，准确理解社会主义

核心价值观的科学内涵及其对于大学生成长成才的重大意义，正确认识课程的性质和学习方法。重点是明确当代大学生的成才目标与途径，激发大学生认同社会主义核心价值观并理解其对于大学生成长成才的重大意义，难点是正确认识课程的作用。

二、有关人生理想信念的实践教学

这一板块内容主要体现在“追求远大理想　坚定崇高信念”这一章。教学内容是理想信念与大学生成长成才的关系，树立科学的理想信念，架起通往理想彼岸的桥梁。教学基本要求是通过教学启发和帮助学生全面了解理想信念的含义与特征，认识到理想信念对大学生成长成才的重要意义，理解并树立科学理想信念，认清实现理想的长期性、艰巨性和曲折性，和在实践中化理想为现实的总体要求。重点是增强学生对于社会主义核心价值观的认同，自觉将社会主义核心价值观的要求融入个人理想信念。难点是马克思主义科学信仰的内涵和要求，中国特色社会主义共同理想的内涵和要求，认清实现理想的长期性、艰巨性和曲折性。加强学生理想信念教育，通过辩论、讨论、影视欣赏等主题实践教学教育活动，帮助学生树立科学的理想信念，认清自己的历史使命，牢固树立中国特色社会主义共同理想，实现社会理想与个人理想的有机统一，无论身处人生顺境还是逆境都要经过艰苦奋斗，为实现人生理想不懈努力。

三、有关爱党爱国的实践教学

这一板块内容主要体现在“弘扬中国精神　共筑精神家园”这一章。教学内容包括中华民族的爱国主义传统，新时期的爱国主义，做忠诚的爱国者。教学基本要求是通过教学帮助学生理解热爱祖国是中华民族的优良传统，是中华民族生生不息、自立于世界民族之林的强大精神动力。在新的历史条件下，继承爱国主义的优良传统，弘扬民族精神和时代精神，“以热爱祖国为荣，以危害祖国为耻”，做一个坚定的爱国者，是对当代大学生的基本要求。重点是帮助学生理解爱国是社会主义核心价值观的精髓，中国精神是兴国强国之魂，爱国主义的科学内涵，理解劳模精神的基本内涵。难点是爱国主义的时代价值，经济全球化形势下弘扬爱国主义的必要性。通过参观爱国主义教育基地或者革命纪念馆、爱国主义演讲、朗诵、征文、唱红歌、主旋律影视作品赏析等实践形式，开展以“热爱中国共产党、热爱祖国、热爱社会主义”为主题的实践活动，引导学生了解中国共产党带领中国人民所取得的革命、建设和改革开放的伟大成就，了解无数仁人志士和先辈为了中国革命、建设和改革事业所做出的贡献和牺牲，增强学生对中国共产党的感恩之情、信任之感；加深学生对于人民群众才是历史的创造者和推动社会进步变革的决定力量的理解；引导学生在经济全球化形势下做忠诚、理性的爱国者，自觉维护国家利益、促进民族团结、维护祖国统一、增强国家安全意识；引导学生拥护社会主义制度，感受中国特色社会主义制度的优越性和生命力。

四、有关人生价值观的实践教学

这一板块内容主要体现在“领悟人生真谛　创造人生价值”这一章。教学内容是树立正确的人生观，创造有价值的人生，科学对待人生环境。教学基本要求是通过教学帮助学生系统学习人生观、价值观的理论，结合个人实际和社会现实，深入思考“人是什么”、“人生是为了什么”、“怎样的人生更有意义”等问题，使其领悟人生真谛、创造人生价值的重要性及实现途径。在这个过程中，教师要引导学生增强对于社会主义核心价值观的理性认识。重点是价值的基本理论，用科学高尚的人生观指引人生，正确认识人生价值实现的条件，促进自我身心和谐，打造和谐的人际关系。难点是促进社会主义核心价值观与大学生人生价值观的融合，心理健康的途径和方法。通过开展对中国社会不同地区、不同阶层、不同群体的价值观状况调查，了解他们的价值观状况，尤其对社会主义核心价值观的认同、践行情况，全面了解和把握当代中国社会转型时期中国民众价值观的总体状况和发展趋势，摸清当代中国社会深化自我认识和价值观建设的前提和基础，引导学生体悟人生价值，形成科学的人生观和价值观，科学对待人生环境，在实践中创造有价值的人生。

五、有关社会公德、职业道德、家庭美德的实践教学

这一板块内容主要体现在“注重道德传承　加强道德实践”和“遵守道德规范　锤炼高尚品格”这两章。“注重道德传承　加强道德实践”这一章的教学内容是道德及其历史发展，继承和弘扬中华民族优良道德传统，弘扬社会主义道德，恪守公民基本道德规范。教学基本要求是加强思想道德修养，锤炼道德品质，提高道德境界，做一个知荣辱、讲道德、牢固树立社会主义荣辱观的人，是党和人民的殷切期望，也是大学生自身全面发展、健康成长的重要条件。通过教学帮助学生继承和弘扬优良道德传统，全面把握社会主义道德建设的核心、原则，自觉恪守公民基本道德规范，努力形成良好的道德品质。重点是道德的内涵及本质，道德的主要功能，中华民族优良道德传统的主要内容，社会主义道德建设的核心和原则，公民基本道德规范。难点是道德建设中的错误思潮评析，讲清践行社会主义核心价值观对于个人修养和社会进步的意义。

“遵守道德规范　锤炼高尚品格”这一章的教学内容是引导学生将社会主义核心价值观的要求融入社会公德、家庭美德和职业道德中去，帮助学生形成对职业精神的基本认识。教学基本要求是公共生活、职业生活与婚姻家庭生活是人们社会生活的重要领域，也是个人品德形成的重要领域。大学生学习和掌握公共生活领域的道德规范，加强道德修养，注重道德实践，锤炼高尚品格，可以为应对和解决走向社会、立业成家等人生重大课题打下良好基础。重点是要着重引导学生加深对社会主义核心价值观“敬业”一词的理解，加深对劳模精神的认同，初步形成正确的职业精神意识。引导学生按照社会主义核心价值观的要求，

不断提升个人修养，初步掌握促进社会和谐、家庭和谐的一些基本原则。难点是促进学生在道德修养中的知行转化。通过专题讨论、主题辩论、影视赏析、学生访谈、调查了解等实践形式，对当代社会的道德状况，尤其是生活中的典型道德人物或者现象的辩论、讨论，自觉向道德模范、感动中国人物、“最美教师”、“最美医生”等道德楷模学习，自觉扬善抑恶，恪守公民道德基本规范，带头践行文明礼貌、助人为乐、爱护公物、保护环境、遵纪守法的社会公德，养成爱岗敬业、诚实守信、办事公道、服务群众、奉献社会的职业道德和尊老爱幼、邻里团结等家庭美德，树立和践行社会主义荣辱观，自觉加强个人品德修养，引领社会道德风气。

六、有关社会主义法制和法治的实践教学

这一板块内容主要体现在“学习宪法法律　建设法治体系”、“树立法治观念　尊重法律权威”以及“行使法律权利　履行法律义务”这三章。

“学习宪法法律　建设法治体系”这一章的教学内容是法律的概念及发展，我国社会主义法律，我国的宪法与法律部门，建设中国特色社会主义法治体系。教学基本要求是实现法治中国梦，离不开每个公民的参与和推动。大学生要在中小学法律常识学习的基础上，进一步学习宪法法律和法治理论，提升法律素质。要深刻理解宪法规定的基本原则和制度，正确认识社会主义法律的本质特征和重要作用，从整体上把握中国特色社会主义法治体系，不断增强建设社会主义法治国家的责任感和使命感，加深对于社会主义核心价值观法治观念的认识。重点是社会主义法律的本质特征与作用，宪法的基本原则与制度，社会主义法治体系的内容，全面依法治国的基本格局。难点是正确理解社会主义法治的实质。

“树立法治观念　尊重法律权威”这一章的教学内容是树立社会主义法治观念、培养社会主义法治思维、尊重社会主义法律权威。教学基

本要求是当今中国，法治已经成为党和政府治国理政的基本方式。法治中国建设，对国家富强、民族复兴和人民幸福具有重大意义。大学生要自觉践行社会主义核心价值观的要求，主动学习法律知识，增强法律意识，树立法治观念，培养法治思维，维护法律权威，养成心中有法、自觉守法、遇事找法、解决问题用法、化解矛盾靠法的良好习惯，成为具有较高法律素质的社会主义事业建设者和接班人。重点是社会主义法治理念的基本内容，社会主义法治思维的内涵与特征，培养学生树立社会主义法律权威。难点是正确理解法治思维方式，初步形成法律信仰。

“行使法律权利　履行法律义务”这一章的教学内容是法律权利与义务的一般理论、我国宪法法律规定的权利与义务、依法行使权利与履行义务。教学基本要求是什么是法律权利和法律义务，公民应该享有哪些法律权利和承担哪些法律义务，如何行使法律权利和承担法律义务，如何尊重别人的权利，当自己的法律权利受到侵害后如何依法寻求保护和救济等，这些都是我们日常生活中经常遇到的问题。建设社会主义法治国家，既需要政府、社会宏观上的运筹帷幄，更需要每个个体按照社会主义核心价值观的要求正确行使权利和履行义务。重点是我国宪法法律规定的权利与义务、依法行使权利与履行义务。难点是正确认识社会主义法律权利及执行。

通过专题讨论、辩论、情景模拟、公益服务等实践形式开展法制观教育实践活动，帮助学生树立社会主义法治理念，培养社会主义法治思维，维护社会主义法律权威。自觉遵守公共生活、家庭生活中的法律规范，加强社会主义法律修养。

七、做社会主义核心价值观的积极践行者

国以才立，政以才治，业以才兴。新时期社会主义事业接班人的基本要求概括为“四有”，即有理想、有道德、有文化、有纪律。在新世纪新阶段，社会主义核心价值观是指引当代大学生健康成长为社会主义

事业合格建设者和可靠接班人的行动指南。青年一代要成长为社会主义“四有”新人，就要勤于学习、敏于求知，打下坚实的知识和理论功底；要崇德修身、砥砺品格，培养良好的思想道德素质与法律素质；要明辨是非、坚定自励，在是非善恶面前做到择善固守、从容自信；要脚踏实地、艰苦奋斗，在服务祖国、服务人民的实践中创造人生价值。这一板块实践教学要求围绕“四有”要求，组织学生培育和践行社会主义核心价值观等主题活动，如每周热点问题播报。学生分组进行选题讨论，围绕当前国内外发生的学生感兴趣的热点问题，以 PPT 的形式做新闻播报，可以围绕一个热点问题，深入分析这一问题的来龙去脉(如背景资料、现实状况、发展趋势、对当前国际国内的影响等方面)，图文并茂，还可以穿插视频资料，不断增强学生“国家兴亡，匹夫有责”意识。

第二节 “思想道德修养与法律基础”课实践教学的参考选题

一、珍惜大学生活 开拓新的境界

(一) 课堂实践教学参考选题

1. 大学的精神——主题班会

大学的魅力正在于它的精神。大学精神是大学自身存在和发展中形成的具有独特气质的精神形式的文明成果，它是科学精神的时代标志和具体凝聚，是整个人类社会文明的高级形式。大学精神的本质特征概括为创造精神、批判精神和社会关怀精神。如何界定“大学精神”？大学精神的内涵是什么？这是大学新生不可回避而必须首先论及的问题。结合每年教育部开展的开学第一课主题班会活动，通过大学精神讨论帮助学生认清大学的精神实质，督促学生合理规划自己的大学生活。

2. “大学阶段和中学阶段的差异”或者“大学≠高四”——课堂讨论

大学与中学有着本质的不同。学生迈进大学校门，生活翻开了新的一页，人生跨入了新的阶段。大学生活应该怎样度过？哪些是大学生应该做的？哪些是大学生不应该做的？作为一名新时代的大学生，该如何进行角色定位？这些都是大学生活给大学生提出的新课题。同时，教师要求学生围绕教学内容，引导学生就教材或现实社会生活中的一些热点、焦点或难点问题进行独立思考，共同讨论，互相启发。该选题采取课堂讨论的形式，讨论大学阶段与中学阶段的差异，结合学生自身的实际提升适应能力，让大学生尽快适应大学新生活，认清所肩负的历史使命，并明确其成才目标。

3. “才者，德之资也；德者，才之帅也”——主题辩论

德与才是一个人的基本品质。“德”主要指思想道德修养，其中包括理想、道德、文化、纪律等内容。这里的“文化”指的就是“才”，即科学文化素质。在德与才的关系上，德为立身之本，才为立身之基，德是前提和灵魂，才是能力和工具。学生只有摆正德与才的关系，不断加强思想道德和法律修养，才能做到德才兼备、全面发展。如果将二者剥离开来，单一追求“才”而忽视“德”，“才”就有可能背离社会主义的“德”，这样缺“德”的大学高材生有可能“才”越高人越反动。德与才必须结合在一起，科学文化素质的提高有助于促进思想道德素质的提高，反过来思想道德素质的提高又影响着科学文化素质的提高。因此大学生不仅要“才”，还要有“德”，德才兼备才是社会的有用之才。通过该选题的辩论，可以帮助学生正确认识德与才的辩证关系，深刻理解党和国家提出的“立德树人”要求。避免走入重才轻德的误区，从各方面发展自我、完善自我。

4. 大学新生职业规划书——课堂讨论

职业生涯规划是指在对一个人职业生涯的主客观条件进行测定、分析、总结的基础上，对自己的兴趣、爱好、能力、特点等进行综合分析

与权衡，结合时代特点，根据自己的职业倾向，确定其最佳的职业奋斗目标，并为实现这一目标做出行之有效的安排。大一是大学的开端，是影响大学其他三年甚至未来求职的关键一年，所以进入大学的第一步新生一定要走好，这样才可以为以后就业打下基础。有了目标，才会有动力。这份大学新生职业规划书就是给学生一个明确的学习目标和职业规划，身体力行地完成好自己的学习任务，使自己的一生过得更有意义。

（二）校园实践教学参考选题

1. 大学新生学习适应与调适状况调查与分析

学习是大学阶段的主要任务，是大学生活的中心内容。进入大学，学习内容、形式和要求都发生了变化。学生不仅要努力学习，而且要树立正确的学习理念；不仅要掌握知识，而且要掌握获得知识和应用知识的能力；不仅要在学业上不断进步，而且要在综合素质上不断提高。该选题围绕自主学习、全面学习、创新学习、合作学习和终身学习等理念进行调查与分析，让大学新生尽快更新学习理念。

2. 大学新生心理适应与调适状况调查与分析

每个人生阶段都有一个适应的过程。在高中向大学转变阶段，大学新生面临全新的环境，随着生活、学习和人际环境的变化，容易产生心理不适感，甚至出现适应障碍。大学新生应了解自己的心理能力和心理需求状况，学校的相关部门也可以针对大学新生的各种心理不适做出正确的判断和制定相应措施。通过对大学生在学业适应、人际关系、社会适应、集体适应、自我统合五个方面的分析，让大学新生能很好地了解自己的心理需求和心理适应现状，使大学新生通过自我调节、自我管理，尽快适应大学生活。

3. 大学生逃课现象及归因的调查与分析

大学生逃课现象日渐严重，屡禁不止，严重影响了学校的教学质量和学习风气。逃课现象已引起社会的广泛关注。《国家中长期教育改革和发展规划纲要（2010—2020年）》明确提出了“全面提高高等教育质量”和“提高人才培养质量”的教育方针。而如今，大学生逃课现象严重影响了高校正常教学秩序与人才培养，造成了教育资源的浪费，已成为高校教学与管理不能忽视的重要问题。对于大学生逃课现象归因分析并提出解决方案是当前高校思想政治教育工作的一项重要任务，需要学校、家庭形成合力，需要辅导员与大学生共同努力。

（三）社会实践参考选题

社会主义核心价值观认同感调查——以××为研究重点（企业、社区、农村、学校、机关等）

随着当前我国经济发展以及利益格局的调整，意识形态领域呈现出多元化趋式。多元化的价值标准在一定程度上造成了人们理想信念模糊、价值取向扭曲、诚实守信淡薄、社会责任感缺失等消极现象的产生。必须有一种主流意识形态引领经济社会发展，指导人们的行为，维持社会团结与稳定。党的十八大强调，要用社会主义核心价值体系引领社会思潮、凝聚社会共识。因此，在多元化思潮中加强民众对核心价值观的认同感，具有重要的现实意义。调查内容为深入了解社会民众的价值观及其对主流意识形态的认同感，引导民众认识到：只有坚持以社会主义核心价值观为指导，才能牢牢把握社会主义建设方向。

二、追求远大理想　坚定崇高信念

（一）课堂实践教学参考选题

1. 个人理想与社会理想——课堂讨论

理想信念是人的精神世界的核心，是人精神上的“钙”。没有理想信念，或理想信念不坚定，精神上就会“缺钙”，就会得“软骨病”。一个精神上“缺钙”的人，就不可能承担起时代所赋予的历史重任。追求远大理想、坚定崇高信念，是大学生健康成长、成就事业、开创未来的精神支柱和前进动力。但是，理想源于现实又高于现实，理想和现实既统一又矛盾，并且崇高理想信念的实现又充满着长期性、曲折性和复杂性。因此，大学生应了解理想与现实、社会理想与个人理想的辩证关系。该选题主要是通过讨论，让学生对当代大学生的理想信念问题进行深入思考，树立正确的理想信念，并为之奋斗。

2. 逆境出英才还是顺境出英才？——主题辩论

顺境与逆境的问题是个古老的话题，然而到底是顺境还是逆境更易于使人成功？却众说纷纭。总而言之，逆境，有阻事难成，未必不成；顺境，无阻事易成，未必都成。顺境与逆境给人的影响有利有害，利害之变，关键是人在其中所起的作用。凡事预则立，不预则废。处逆境，磨炼意志，韬光养晦；处顺境，因势利导，居安思危。通过辩论，让学生对成长的环境有更深刻的认识，在未来的人生道路上，无论是逆境还是顺境，都能激发主观能动性，立志成才。

3. 大学生个人理想的变迁——主题征文

个人理想是每个时代亘古不变的课题，它不仅关系到人们的生活与发展，也关系到民族与国家的希望和未来。大学生作为祖国的未来，他们的个人理想信念状况如何，更是在很大程度上决定着人生的长度以及影响着我国实现中华民族伟大复兴的步伐。我国社会自进入转型期以来，社会主义市场经济发展迅速，我国也进入了社会主义现代化建设的新时期，政治、经济、文化等各方面都迎来了新局面，这为大学生的个人理想带来了冲击和变数。通过撰写征文稿，让学生对自己理想的变迁作一个梳理，看看哪些理想已经淡忘，哪些理想依旧坚持。让学生进一步思考，如何树立远大的、合乎实际的理想。回忆自己曾经的种种理想，结合当下的时代背景和自身条件，寻找那个最能实现的理想，以及需要去奋斗的理想。

（二）校园实践教学参考选题

1. 大学生政治信仰问题调查与分析

政治信仰，是对既定的政治形态的价值认同，是对政治的终极关怀。它反映了一种政治理性，也反映了一种政治安慰。它是特定政治形态的心理基础，这种心理基础是政治稳定和发展的基本要求。伴随着改革开放的推进和我国社会变革的进一步深化，在当前政治、经济、文化等领域出现了一系列重大的变革，出现了新旧、中外等多种思想力量的交锋，与此同时，大学生的政治信仰也出现了一些危机。大学生是推动社会进步的主要新生力量，其政治信仰状况在某种程度上预示了未来民族精神的状况，影响着国家和民族的发展。时刻掌握大学生政治信仰状况，深入分析当代大学生政治信仰的形成原因和对策，积极引导大学生保持正确坚定的政治信仰，对社会主义建设，国家富强，民族振兴，将起到决定性作用。

2. 大学生国家认同感调查与分析

国家认同感是指一个国家的成员对所属国家的历史文化传统、国家主权、政治道路、政治主张、道德价值观念等的认可和赞同。它是一种重要的国民意识和政治资源，是维系一个国家存在和发展的重要纽带。随着全球化时代对民族国家的国家认同带来的深刻影响，国家认同问题成了国际学术界研究的重点和焦点。当前，国际环境复杂多变，国内社会问题层出不穷，对大学生国家认同产生了强烈的冲击和影响。一些大学生出现了政治信仰迷茫、理想信念模糊、价值取向扭曲等亟须解决的问题，有的甚至对马克思主义信仰、对中国特色社会主义道路产生了怀疑。这些问题的存在，固然给高校敲响了警钟。但是，大学阶段是大学生世界观、人生观、价值观确立的关键时期，其可塑性依然较大，关键就在于如何引导和教育。大学生是国家的栋梁和希望，是实现中国梦的生力军和主力军。大学生对国家是否认同，事关未来中国的政治进程，事关未来中国的前途与命运。因此，加强大学生国家认同感的实证研究，具有重要的现实意义。

3. 大学生社会责任感的调查与分析

社会责任感作为一切美德的基础和出发点，是人类理性与良知的集中表现，是社会得以发展的基石，也是大学生不断成熟和完善的标志。当前，大学生因社会、学校、家庭和自身等多方面的因素影响，社会责任感呈现出对国家和社会的责任意识弱化，对他人和自我的责任意识淡化，对家庭和婚姻的责任意识退化，对职业和工作的职责意识虚化等特征。为了准确了解大学生社会责任感的现状，分析形成原因，学校可组织大学生对社会责任感开展专题调查研究，通过对调查结果进行分析，客观地得出目前大学生社会责任感的现状及认知状况，并提出具体可行的社会责任感意识的培养建议、相应教育方案。

4. 大学生宗教信仰的现状调查与分析

大学生的宗教信仰给高校思想政治工作提出了新的挑战。大学生思想活跃，求知欲望强，对各种思想文化都有浓厚的兴趣。随着网络信息技术的快速发展，大学生对宗教有了更多的了解机会，于是就有人盲目地去追捧和信奉宗教。大学生宗教信仰基本情况如何？信仰的成因有哪些？如何帮助大学生跨越信仰的迷茫和危机，树立正确的信仰观念？此选题旨在调研这些问题，在调查分析大学生宗教信仰现状、特征及其原因的基础上，帮助大学生科学认识宗教，引导大学生树立科学信仰观，加强科学精神的培植，引导大学生积极探索科学与真理，并采取合法有效的监管措施，杜绝大学生盲目信仰宗教现象的发生。

（三）社会实践参考选题

1. 中国特色社会主义道路自信（四个自信）调查研究

党的十八大报告指出，“道路关乎党的命脉，关乎国家前途、民族命运、人民幸福”。中国特色社会主义道路是历史、人民的选择，实践证明，我们坚持走中国特色社会主义道路，极大地激发了广大人民群众的创造性，解放和发展了社会生产力，增强了社会发展的活力和动力。道路自信是前提，是四个自信的源泉和起点。只有正确认识和把握中国特色社会主义道路的实质内涵和重要性，才能深刻理解中国特色社会主义发展规律，推动中国特色社会主义理论、制度和文化的发展和创新，以实践促进认知，提高理论自信、制度自信和文化自信。为此可组建学生暑期社会实践小分队，通过对机关、社区、学校、农村、企业的抽样调查，了解中国公众“道路自信”现状。通过这一社会调查活动，让大学生走向社会、深入基层，了解中国公众对中国特色社会主义道路自信的认知、认同，加深对理论、实践的理解。

2. 关于大学生对于当前反腐倡廉形势的看法的调研分析

作为校园廉政文化建设的重要组成部分，反腐倡廉教育一直是高校大学生思想政治工作的重要内容。大学生作为国家经济、政治、文化建设的主要生力军，承载着民族未来的希望，对其进行反腐倡廉教育意义重大。作为一名在校大学生，很多学生可能认为反腐倡廉应该是政府官员的事，与己“相之甚远”，实则不然，因为如果没有制度保障，则人人都有贪腐之心，因而防微杜渐，提前对大学生进行廉洁教育能很好地为其人生发展指出路、指对路，为社会和谐进步奠定坚实基础。

三、弘扬中国精神　共筑精神家园

（一）课堂实践教学参考选题

1. 中国精神与中国梦——课堂讨论

“实现中国梦必须弘扬中国精神。这就是以爱国主义为核心的民族精神，以改革创新为核心的时代精神。这种精神是凝心聚力的兴国之魂、强国之魂。”以上是2013年3月17日，习近平总书记在十二届全国人大一次会议上说的。中国精神集中体现了我国社会主义意识形态，是推动我国社会主义事业不断向前发展的精神动力。大学生尤其是当代大学生，他们的思想极为活跃，作为社会主义事业建设的接班人，加强培养他们的中国精神显得尤为重要。对于当代大学生而言，培养他们的中国精神必须着眼于他们的实际思想和知识情况，合理遵循培养人才的路径和高校思想政治教育体系的规律，能够将高校大学生真正培养为各方面全面均衡发展的当代有为青年。弘扬中国精神，是大学生实现中国梦的重要思想基础，两者有着紧密的关联性。大学生要以自觉的态度弘扬和践行中国精神，这是他们为中国梦奋斗的出发点。按照习近平同志对青年一代的殷切希望，我们要引导大学生坚定理想、筑牢信念；引导大学生求知进取、开拓创新；引导大学生艰苦奋斗、知行合一，将实现中国梦的自觉行为作为大学生弘扬中国精神的落脚点。中国梦教育已成为大学生思想政治教育的重要实践命题，每个大学生都有属于自己的梦想，帮助大学生实现中国梦，就要将中国精神融入大学生思想政治教育工作，促使大学生拥有中国精神，同时沿着“以学生为本”为原则、“爱国主义教育”为着力点、“教育方式创新”为保障的路径深入推进。

2. 经济全球化时代需要爱国主义吗？——主题辩论

爱国主义是思想道德教育的重要内容，有着丰富的历史和现实内涵。我们既要重视对爱国主义的历史传统的挖掘，更要把握当今世界形势，认清我们肩负的历史责任，为爱国主义注入鲜活的时代内涵。今天全世界都面临经济全球化趋势加快发展问题。对于中国来说，经济全球化既带来了经济社会发展的机遇，也造成了诸多方面的挑战。在经济全球化背景下，人与人、民族与民族、国家与国家之间的交流和沟通日益频繁。科学技术的发展和利用都是跨国界的，商品在全世界销售，资本在跨国界流动，信息得以共享。跨国公司本土化的程度不断提高，不仅利用当地的自然资源，而且还充分利用当地的人力资源。各国公民在世界范围内流动，一个国家的公民可能工作和生活在另一个国家，并对另一个国家产生了感情。基于这样的变化，某些发达国家的政要和学者借此机会积极宣称，随着经济全球化的到来，“民族国家的时代已经过去”，爱国主义已经过时。他们还极力鼓吹在经济全球化背景下势必导致政治全球化和文化全球化，并妄图推行全球政治、文化一体化。面对这些声音，我们需要思考：民族国家的时代是不是真的已经过去？经济全球化等于政治、文化一体化吗？爱国主义是不是已经过时了？我们要如何弘扬爱国主义？通过对爱国主义的讨论，深刻感悟爱国主义的真谛，并自觉地将爱国主义思想体现在日常的行为中。

3. 爱国与害国，只有一步之遥——主题辩论

爱国需要实际行动，但更需要的是理性的实际行动。何谓爱国，何

谓害国，真的容易区分吗？不容易。那些偏激的、带有强烈破坏性的行为，不仅起不到任何爱国的作用，反而正中了他方的下怀。真正的爱国，是从国家的全局考虑，做有益于国家大局的事，而将发泄私愤、快意人生作为目的的爱国，在一定程度上反而害了国家。爱国和害国，有时候只是一步之遥，失去了对法律底线的恪守，激情就会变成恶魔。保持理性，才能应对复杂局面，才能获得支持和尊重。爱国，不是喊喊口号，图一时之快，国家间的利益之争，最终是综合国力的较量。这一主题旨在让学生在道德的范畴内，在法律的框架中，合理合法地表达自己的爱国情怀。

4. 观看中国精神有关影视资料——影视欣赏

通过组织学生观看爱国主义教育影片活动，借以增强学生的民族自尊心和自豪感，弘扬伟大的民族精神和传统美德，培养学生热爱社会主义祖国、热爱家乡、热爱学校的情感，激发学生为社会主义现代化建设和民族伟大复兴而努力学习的热情。具体实践中可结合特定的教学内容，借助影视资料，为学生展现宏大的历史场景，激发学生的情感；深化学生对教学内容的理解，激发学生学习兴趣，如可由任课老师统一组织安排，集中观看《东京审判》《南京 南京》《长征》《信仰》《钱学森》等影视作品；组织学生畅谈观看感受，写出心得体会，提交手写版心得，作为考核依据。观看爱国主义电影是对大学生进行爱国主义教育的主要途径之一，它能让大学生了解现在的生活来之不易，感受先辈们为了中华民族的伟大复兴所做出的贡献与牺牲，从中培养他们的爱国情怀和爱国情结。

（二）校园实践教学参考选题

1. 大学生爱国主义思想及行为的调研分析

人才是兴国之本，作为中华民族的精英，祖国未来建设的栋梁，大学生们的思想境界与精神面貌是关系到中华民族兴衰荣辱，关系到祖国兴旺发达的关键要素。在全球化时代，有人称他们为“有担当的一代”，也有人称他们为“迷失的一代”，甚至称他们为“垮掉的一代”。该选题旨在了解现阶段大学生是否具有强烈的爱国情感、明确的爱国意识、自觉的爱国行为、正确的爱国方式，以及高校大学生爱国主义教育方式方法、教育内容、教育效果等精神体现度和教育普及度，不断提高大学生爱国主义教育效果和爱国主义的认同度。

2. 大学生公民意识状况的调查

公民意识作为一种社会意识形态，是指公民依据宪法和法律规定的基本权利和义务，对于自身在国家社会生活及政治生活中的主体地位的自我认识。它主要反映公民对待个人与他人、与社会、与国家之间的价值取向及行为规范等。公民意识水平的高低直接影响我国民主政治建设及和谐社会的构建。过去的公民意识培育较为注重人的思想觉悟，而对公民应具有的权责意识、法治意识等显得比较缺乏。大学生的公民意识在整个国民的公民意识中占有重要的地位，我们应当充分重视大学生公民意识的培养，为社会培养合格的社会公民。大学生公民意识教育从本质上说是一种意识教育，是高校思想政治教育的重要组成部分。党的十七大报告强调，应加强公民意识教育，树立社会主义民主法制、自由平等、公平正义理念，建设社会主义法治国家，发展社会主义政治文明。加强公民意识教育，是社会主义民主发展的需要，也是增强公民素质培养的意识前提。党的十八大以来，社会主义核心价值观为大学生公民意识教育指明了方向。本选题旨在从主体意识、权责意识、法治意识、国家意识、公共意识五个方面对当代大学生公民意识的教育内容进行分析与阐述。对当代大学生公民意识的总体情况进行简单评价，并对当代大学生公民意识缺失的现状及造成大学生公民意识缺失的原因进行分析及阐述，提出加强当代大学生公民意识培育的对策。

（三）社会实践教学参考选题

参观爱国主义教育基地

通过本次活动，让学生亲身感受社会的发展变化，进一步加深对爱国主义、民族精神的认识，激发学生爱国、爱家乡的情感，培育爱国主义精神。可组织学生到思政课实践教学基地或其他具有思想政治教育意义的历史文化遗迹、红色景点、社会主义建设示范点等处所参观考察，感知历史文化传统，陶冶爱国主义情怀，见证社会主义建设伟大成就。通过参观，旨在缅怀革命先烈，学习和继承革命前辈为共产主义理想艰苦奋斗的优良传统，珍惜今天来之不易的幸福生活，时刻铭记肩负的责任和使命，树立起实现中华民族伟大复兴而奋发学习的理想和抱负。

四、领悟人生真谛　创造人生价值

（一）课堂实践教学参考选题

1. 人性本善还是人性本恶——主题辩论

这是一个古老的辩题，这道价值观类的辩题，在不同的时代讨论它的意义都是不同的。人性本善还是本恶？对此，具有不同信仰的人可能会有不同的看法。基督徒认为：人性本恶，人生而有原罪。儒家学说认为：人之初，性本善；大学之道，在明明德。还有人认为，人性无所谓善恶，所谓善恶，只不过是人的社会性的某种体现。或许，人性本善还是本恶并不重要——因为不论人性善还是恶，人类都已经走过了几千年文明史。但是，持不同的善恶观的人或民族，则可能产生不同的道德价值取向和道德价值体系，并由此深刻地影响着人类文明。

按照历史唯物主义的观点，“人性本善”和“人性本恶”前提都是错误的。因为两者都把自然性看成人的根本属性，人的根本属性应是社会性，只有社会性才能把人和动物区分开来。谈人性不能离开社会实践而抽象地认为人性本恶或本善。几千年来人们都是在错误前提下（即认为人的根本属性是自然性）争论善恶，当然没有结果。

善恶本一家，是事物的双面性，以人自身所定的善恶标准来评价善恶本就不公平。但是人的本性中的确有恶的，所以人类是向往善的，所有后天的学习都在让人向善，我们也在不断追求善。之所以有此命题，主要是通过人性善恶的辩论来分析人类性格形成的复杂性，让学生多角度、深层次看待这一类问题。

2. “我为人人，人人为我”——课堂讨论

中央发布的《关于培育和践行社会主义核心价值观的意见》要求：“开展涵养社会主义核心价值观的实践活动”，“形成我为人人、人人为我的社会风气”。这是国家层面倡导的科学的正确的人我关系，对大学生来讲具有非常重要的理论和现实意义。此句为条件复句时，“我为人人，人人为我”就是只有我帮助别人越多，得到的回报才会越多，意为“好人有好报”，这是利他的价值观。反过来“人人为我，我为人人”就是只有别人更多地帮助我，我才会更好地帮助别人，意为“人不为己，天诛地灭”，这是利己的价值观。因此，这两句话体现了不同的价值观。学生通过对这一主题的讨论，来分析这两句话。字虽然一样，但是顺序颠倒后其意义却发生了质的变化，让学生懂得科学正确的价值观，摒弃错误的价值观。

3. “我的得失观”——主题演讲

凡事，皆有得有失。你在得到这一方面的同时，便意味着你将会失去另一方面。人生就是一个得与失循环往复的旅程，它让人时时处于得失的平衡状态中。世上没有永远的得到，也没有永远的失去；每一个人都是在得与失中往前行走着，任何人都不例外。正确认识人生发展过程的得与失这对矛盾，是人生的常态，它体现着一个人的智慧和修养。从这个意义上说，对于得与失的理解和抉择在很大程度上左右着人的命运。得失的辩证关系同时告诉我们，有时的得未必是真正的得，失也未必是真正的失；有时得就是失，失就是得。“塞翁失马，焉知非福。”对于这一主题的演讲，其意义在于引导大学生要以积极的态度去面对人生中的得与失，不要惧怕一时的失，不要满足于一时的得，不要拘泥于个人利益的得失，要自觉地把个人利益和社会利益、国家利益相统一，个人命运与祖国命运、民族前途相联结，在奉献社会、服务人民的实践中展示个人价值。

4. 幸福是什么——课堂讨论

幸福是什么？这是一个亘古不变的话题。对于不同的人，在不同的时候幸福是不同的。幸福是个体在社会生活过程中，为了实现目标和理想，使自己的物质生活和精神生活得到某种满足的心理体验，是人们对生活的肯定评价。追求幸福是人类生活的永恒主题和社会发展的强大动力。幸福观是人生观系统中有关人生幸福的认识，是人们对什么是幸福，以及如何追求幸福等问题所持态度的系统观念。大学生幸福观的主题讨论，就是针对大学生在转型期存在的幸福观问题，总结大学生对幸福的认知现状、影响大学生幸福的因素，探讨如何对大学生进行马克思主义幸福观教育，引导他们树立正确的世界观、人生观、价值观。

5. 大学生如何认识和处理竞争和合作的关系——案例分析

以清华大学朱令"铊中毒"案和复旦大学林森浩投毒案为例来分析在校大学生如何正确认识和处理竞争和合作的关系。对大学生而言，处理好竞争与合作的关系对大学生的大学生活有着重要意义。大学生要学会生存，就要善于竞争、勇于竞争。善于竞争，是指遵循社会竞争的规范和法则，掌握竞争的技巧和方法，讲道德，讲风格，光明正大，公平竞争。要使大学生明白，同学之间的竞争，应以共同提高、互勉互进为目的。既然有竞争，就会有成功者，也必然会有失败者。同学之间的竞争，胜要胜得光明磊落，输要输得坦坦荡荡，要以积极的心态投入到竞争中去，明确胜败乃兵家之常事，胜负只说明过去。对方胜了，我们要向他表示祝贺，并从中找出自己的差距与不足，为打胜下一仗作好准备。同学之间的竞争，竞争时是对手，学习时应该是同学，生活上还是朋友。胜者不必得意忘形，输者也不要垂头丧气。要明白竞争是人类社会进步的产物，在竞争中我们也不知不觉地进步了。勇于竞争的底蕴在于培养自信心。具有自信心，方能在竞争中充满激情和战斗力。具有创新意识，敢为天下先，方能形成独特的个性，在竞争中不断突破自己，超越他人，抓住机遇，展示自己的优势、才华、个性，得到社会的承认。在社会上，大学生应该明白，如今的竞争虽然激烈，但人们只要在道德和法律允许的范围内去竞争，按照平等、公平、诚信的原则竞争，与对方相互激励，相互启发，取长补短，就都会有所收获，有所提高。通过本主题的案例分析，教师让学生明白，正确认识和处理竞争和合作的关系十分重要，采取不正当的手段进行恶性竞争，既是人际交往的大忌，也是个人品德修养的大忌，同学之间的竞争绝不可以不择手段，绝不可以通过损害对方来达到目的。

（二）校园实践教学参考选题

1. 当代大学生人生观的调查与分析

人生观是世界观在人生问题上的反映，是人们对人生问题的基本看法和态度，决定着人们的一生。它包括人生目的、人生价值和人生态度。人生目的是指人为什么活着；人生价值是指怎样的人生才有价值；人生态度是指应该怎样做人，怎样对待别的人和事。其中人生目的是人生观的核心。当代大学生是未来发展的希望，是祖国复兴的中坚力量，其成长状况直接关系到祖国的未来，因此我们如何把握他们的思想动态、如何提供正确的引导，就成为一个十分重要的课题。21 世纪的大学生人生观出现明显的多元化趋势，并对他们自身的发展产生正面的或负面的影响，传统的一元性的思想政治教育受到了大学生人生观多元性的挑战。本主题的调查目的在于真实反映当前在校大学生人生观的发展状况，明确其发展的特点和规律，并探讨相应对策。

2. 当代大学生价值观的调查与分析

价值观是文化的核心，具有导向的作用，是一种行为动力。身处中国社会剧烈变革的时期，面临着由之引发的传统价值观的变迁，当代大学生不可避免地在价值观解构和重构的历史阶段陷入到精神的迷茫与彷徨之中，其价值观体系中的传统成分和现代成分纠结并激烈冲突着。针对这一问题，通过对当代大学生的价值主体、价值取向到价值评价标准等方面进行社会调查，分析大学生的价值观的现状、原因以及对策，帮助学生树立正确的价值观，不断创造有价值的人生。

3. 大学生心理健康现状的调查与分析

近几年，随着生活节奏的不断加快和社会竞争的日益激烈，大学生面临的学习、生活、情感和就业压力明显增大，由此产生的心理问题日益突出，直接影响着大学生的健康成长和高校的校园稳定。接连发生的大学生自杀事件引起全社会的关注，大学生的心理健康问题已成了一个不容忽视的问题。这种现象已引起有关部门和社会各界关注。本选题围绕大学生心理健康问题，利用网络、实地调查、查阅资料等方式对大学生进行心理健康调查。了解大学生心理健康的基本状况，导致心理问题的因素，并提出做好大学生心理健康的对策。

4. 大学生人际关系现状的调查与分析

人际交往能力的培养是大学生必须面对的实践课题。良好的人际交往能力和良好的人际关系是人们生存和发展的必要条件。进入大学后，大学生的成长环境、学习和生活方式较中学时代发生了较大的变化，这种变化向大学生提出了更高的人际交往能力要求。提高交往能力，构建健康和谐的人际关系，是大学生成长成才过程中必须面对的实践课题，对正处于学习、生活适应期和心理转型期的大学新生尤为重要。通过调查问卷的发放，有助于我们了解当代大学生人际交往状况，找出大学生在人际交往中所遇到的问题，并提出有针对性的措施。

（三）社会实践教学参考选题

1. 参加青年志愿者活动

志愿活动旨在倡导互助友爱的社会风气，完善社会保障体系，推动社会全面进步，促进青年健康成长。大学生利用课余时间参加青年志愿者活动，走访留守儿童或福利院孤寡老人或到街道社区参加环境保护、公益事业等活动，应制定详细的活动方案，要求全员参与，分小组进行，5~6 人一组，走访过程不流于形式。走访过程材料应真实、丰富。活动结束，应提交参加志愿者活动的方案、图片、文字、视频及小组心得体会等资料，以作为考核依据。

2. 中国公民慈善及公益意识调查研究

慈善意识是现代公民人格塑造的重要元素，也是我国社会保障体系的有机组成部分，和谐社会的构建离不开慈善事业的发展。然而，中国人慈善意识的现实情形并不令人乐观。公民的个人慈善作为慈善事业的一个重要分支，不仅可以提供稳定的慈善资金来源，并且可以提供大量的志愿服务，更体现出了现代公民的社会责任意识，是开展公民道德建设的最佳载体。本主题旨在组织学生进行社会调查，了解我国公民捐赠和公益意识的现状，分析原因，并提出相应的对策，最后的落脚点在于增强学生的公益意识。

3. 中国公民金钱观调查研究

对待金钱的态度是一个人人生观、价值观的具体体现。随着社会的发展，人们的金钱观正在发生着重大的变化，拜金主义越来越有市场。但是，“君子爱财，取之有道”。对商人来说，应该诚实守信，绝不能干坑蒙拐骗的事情；对于握有一定权力的人来说，必须廉洁自律，绝不能拿人民赋予的权力做交易；对于公民来说，应该奉公守法，绝不能干损害他人的事情。因此，金钱之中见境界，金钱之中见品格。在市场经济条件下，大学生如何看待中国公民金钱观的现状及变化，自身应该建立何种金钱观？通过这一主题的调查与分析，教师要客观分析当前中国公民金钱观，并积极引导大学生树立正确的金钱观。

4. ××县（市）关于绿色发展理念践行情况的调查研究

党的十八届五中全会提出的创新、协调、绿色、开放、共享“五大发展理念”，为我国未来发展指明了方向、提供了遵循之道。为了让学生理论联系实际，学以致用，教师可以选择其中任一发展理念作为主题，以××县（市）为例进行调研。以绿色发展理念为例，学生可以通过网络调查、问卷调查和访谈等切实可行的方式对××县（市）居民、公交公司和政府部门等进行调查，对低碳绿色出行方面的认知、日常出行习惯和出行方式、私家车的偏好及选择，以及居民对私家车、公共交通的使用情况等问题调查分析，深入研究低碳出行方面实施的状况以及存在的问题，提出有针对性的政策措施与建议，为居民、政策制定部门、具体执行部门提供借鉴。

五、注重道德传承 加强道德实践

（一）课堂实践教学参考选题

1. 我身边的道德故事——道德讲堂

道德讲堂是“思想道德修养与法律基础”课课堂实践教学改革的新举措。教师从“爱国”“友善”“诚信”“孝道”等内容中选择一个主题，让学生从古今中外的故事题材、重大历史事件、英雄模范人物以及湖北的全国道德模范、感动中国人物、省级道德模范、荆楚楷模、中国好人等中筛选、策划经典道德故事，在课堂上给学生讲述，大力营造“讲道德、树新风、做好人”的浓厚氛围，彰显道德新风尚，激励和引导广大学生人人学习道德模范，个个争做美德青年，全面提升学生的思想道德修养和文明程度。

2. 以“弘扬真善美、抨击假恶丑”为主题的短剧制作——情景模拟

围绕教材内容，调查社会上思想道德和法律修养方面的好典型、坏典型；以“弘扬真善美、抨击假恶丑”为主题，自编自导自演一个短剧，用摄像机录下来，制作成微电影，在课堂上播放。

3. “老人摔倒，该不该扶？”——课堂讨论

“老人摔倒，该不该扶？”这个本该不是问题的问题成为了人们热议的话题，拷问着我们每个人的灵魂。13 亿人扶不起一个摔倒的老人，这是一个社会的悲哀。“彭宇案”、“许云鹤案”、“小悦悦事件”掀起了关于社会道德的讨论。对于不敢扶的原因，有的民众担心做善事反被诬陷讹诈，而由于自己法律知识欠缺，又没有精力处理，被讹诈后只好选择一赔了事；也有的认为我国法律法规还不够完善，担心“见义勇为”得不到法律的有效保护。但大多数民众还是认为，看问题要看主

流，要坚信社会自有正义在。近几年，卫生部颁布了《老年人跌倒干预技术指南》，深圳市政府起草了《助人行为保护条例》，民间公益网站设立了“搀扶老人风险基金”，老人跌倒，如今有了技术指南，但更应该有道德指南、法律指南。通过这一主题的讨论，让学生对当前我国公民的道德现状作客观分析，提升大学生的道德认知和道德责任，不断推动社会公平正义、和谐友爱良好氛围的形成。

4. 道德与经济的关系辨析——课堂讨论

在中国漫长的历史长河中，道德问题的讨论一直是显学。诸家对道德的研究，以伦理为道德的起始点，以道德内涵为研究重点。从孟子的“恻隐之心”的先天道德观念到荀子的道德外生性，直至王阳明的“心”知善恶的本心论，先哲们把道德的内涵解释得透彻无比。社会的演进，尤其进入了现代的社会，道德的本身再也不是强调自身完善的过程，而是与整个经济的发展紧紧地联系在一起。市场经济体制下，“利”将是推动社会发展的最大动力，“自利”从不道德的束缚中解放了出来。科斯洛夫斯基认为：“自利将是经济发展的最大动力，道德则是经济发展的最好动力。”怎样才能使最好动力与最大动力完美结合起来呢？道德究竟在经济中具有哪些张力？当前中国市场经济存在的主要问题，是市场经济发展与道德建设之间的矛盾。社会主义市场经济与道德建设的关系，直接影响社会主义市场经济和道德建设的发展。一方面社会主义市场经济赋予了人们新的道德观，为道德建设提供了物质基础，并利于人与人之间结成平等友爱的关系。另一方面社会主义道德建设为市场经济的发展提供了良好的社会环境，促进了市场经济的发展。通过这一主题的讨论，可以帮助学生认清二者之间的关系，树立正确的义利观。

5. 全心全意为人民服务与市场经济逐利性的关系辨析——课堂讨论

全心全意为人民服务是我们党的根本宗旨，是共产党人的根本价值取向。然而，在市场经济大潮的冲击下，党的宗旨在实践中出现了一些新问题，受到了严重挑战。例如市场经济要求等价交换，而党的宗旨要求无私奉献；市场经济要求相互竞争，而党的宗旨要求先人后己；市场经济要求按劳取酬，党的宗旨则要求不计报酬等。这些要求和作用上的双重性，使党员的思想产生了矛盾和困惑，于是一直趋于稳定，从未遭受过怀疑的党的宗旨被打上了问号。于是，有的党员把为人民服务看成不合时宜的传统观念，主张摒弃；也有的党员把为人民服务视为自己发财致富的绊脚石，从行动上背离党的宗旨；更多的党员则处在两难境地，既想按市场规律办事，又想履行党的宗旨，然而对如何在实践中将二者统一起来，思想上总感到"说不清、道不明、剪不断、理还乱"，在行动上更是无所适从。因此，如何在新的形势下坚持党的宗旨，就成为当前亟待解决的问题。

社会主义市场经济与为人民服务的宗旨，在许多人看来是矛盾的，对立的。其实在社会主义这个大前提下，二者是统一的。我们实行社会主义市场经济体制的目的，与党的全心全意为人民服务的宗旨在本质上是一致的。但是，我们也必须认识到，市场经济原则的基本内涵是市场经济活动必须按照价值规律办事，遵循等价交换、公平竞争、追求利润等原则。但如果这些原则渗透到党内和社会政治生活之中，则必然产生消极影响。市场经济的求利性原则，刺激和强化了人们的实利观念，如果不能正确对待和处理，容易使拜金主义、"一切向钱看"的思想滋生蔓延，容易诱发以权谋私、贪污贿赂、贪赃枉法等犯罪行为，导致尔虞我诈、坑蒙拐骗、损人利己；容易强化本位主义、小团体主义、个人主义和地方保护主义等。通过这一主题的辨析，可以帮助学生认清二者之间的关系，强化党性认识，不断深化对市场经济的本质认识。

6. 道德的两难选择——课堂讨论

历史上存在着许多所谓的"道德两难问题"，即假想在一个场景之下人必须做出他的道德选择，但是做出任何一个选择似乎都是道德的，也似乎都是不道德的。身处"选择的时代"，多元道德价值观并存给当代大学生的道德判断力带来了前所未有的挑战和冲击，造成了学生在面对道德两难问题时无所适从，难以理性地、勇敢地做出判断和选择。因此，结合学生思想实际，在“思想道德修养与法律基础”课教学中设置“道德两难问题”情境，激起学生内心价值冲突，让学生在冲突中思考、辨别、选择，以达到改变原有道德认知，提高学生的道德判断和道德选择的能力。

（二）校园实践教学参考选题

1. 做一件崇德向善的事——道德实践活动

每个学生都要参与到“思想道德修养与法律基础”课道德实践教学活动中，围绕主题做一件崇德向善的事。以小组为单位在校内外开展社会调查、生产劳动、志愿服务、公益活动、科技创新或勤工助学等崇德向善的道德实践活动。可以是亲身做一件好事，也可以寻找好人好事，借以增强学生的道德判断力和道德荣誉感。

2. 大学生诚信状况调查与分析

市场经济的趋利性与社会诚信监控体系的不完善，使诚信缺失现象从经济领域蔓延到社会的其他领域，大学生群体也不同程度地出现诚信缺失现象。诚信作为道德之本，对其他道德起着引导、提升和保证的重要作用。作为社会较高素质群体的大学生，诚信品质是其必备道德素质。因此，大学生诚信问题的提出、重视与解决都是十分必要而迫切的。这一主题以大学生的诚信状况为切入点，多角度分析当代大学生在诚信方面存在问题的主要表现、大学生诚信缺失的原因以及加强大学生诚信道德教育的实施对策。

（三）社会实践教学参考选题

1. 中华传统美德的创造性转化和创新性发展

中国传统道德是一个矛盾体，具有鲜明的两重性。属于精华的部分，表现出积极、革新、进步的一面；属于糟粕的部分，则表现出消极、保守、落后的一面。中华传统美德作为中国传统道德的精华部分，为今天的道德建设提供了丰富的资源，要在去粗取精、去伪存真的基础上坚持古为今用、推陈出新，努力实现中华传统文化创造性转化和创新性发展。与认识层面的理解与把握相比较，付诸行动与实践探索更为关键。无论是创造性转化还是创新性发展，本身就是一种实践要求和实践行为，需要我们积极进行探索。唯有在付诸行动与实践探索中，我们才能够让传统文化中的丰富政治智慧，服务于执政党治国理政实践；让传统文化中的充沛价值理念，助推社会主义核心价值观培育；让传统文化中的正心修身教育，作用于社会主义新人塑造；让传统文化中的完备人际规范，促进社会主义和谐社会建设；让传统文化中的厚重文化资源，支撑现代化各项事业发展；让传统文化中的深厚民族精神，凝聚中华儿女共襄复兴伟业；让传统文化中的包容和谐思维，推动与世界文明交流互鉴。通过这一主题的讨论与实践，教师要引导大学生在正确认识传统文化的精神实质的基础上，更应该正确处理好传承与创新的关系、传统与现代的关系、实质内容与表现形式的关系、历史作用与现实价值的关系、中国传统文化与马克思主义的关系、传统文化与革命文化和社会主义先进文化的关系等。只有从历史、文化、现实的结合上进一步思考中国道路，才能增强道路自信，为人类文明进步事业做出新贡献。

2. 身边的榜样——大学生道德实践优秀成果展

组织学生举办一次“身边的榜样——大学生道德实践优秀成果展”。活动内容以文字、图片、视频等形式，广泛利用微博、微信等渠道，收集大学生勤俭节约、诚实守信、助人为乐、见义勇为、自强创新、志愿奉献、敬老爱亲等道德实践事迹，发现校园内的道德实践榜样，以榜样的力量激励大学生积极投身道德实践，营造良好氛围。通过这一活动，高校要积极营造向上向善的良好氛围，努力提高大学生道德实践能力，为实现中华民族伟大复兴的中国梦凝聚精神力量，提供道德支撑。

六、遵守道德规范　锤炼高尚品格

（一）课堂实践教学参考选题

大学生社会公德行为图片展示——情景式教学

当代大学生的整体道德素质相对较高，在社会公德方面有较好的表现，其公德行为得到了社会的认可。但是，还有部分学生的社会公德素质较差，其行为不能被社会所接受和认可。这部分大学生的社会公德素质如果不及时得到提高，就会影响其自身的发展，影响高校文明建设，甚至影响整个社会的道德建设。组织大学生社会公德行为图片展示活动，旨在让大学生认真观察校园内学生社会公德表现，让学生在观察、调查、分析中能明辨是非，升华道德情感，并养成良好的遵守社会公德的习惯，做一个文明的大学生。

（二）校园实践教学参考选题

1. 大学生社会公德状况调查研究

在现代社会，公共生活领域不断扩大，人们的相互交往日益频繁，社会公德在维护公众利益、公共秩序，保持社会稳定方面的作用更加突出，成为公民个人道德修养和社会文明程度的重要表现。这一主题旨在清楚地了解大学生的社会公德现状，归纳其特点，分析其成因，并提出对策建议，不断促进学生能够较好地规范自己，加强自身的社会公德素养，努力做社会公德规范的传播者和践行者。

2. 大学生网络道德意识与行为的调查研究

互联网的迅速发展，给人们的生活带来了极大便利。大学生作为新的一代，与互联网的联系最为密切，互联网也越来越成为高校学生获取知识和各种信息的重要渠道。但网络是一把双刃剑，它在给大学生带来便捷和快乐的同时又给大学生的观念和行为产生了许多负面影响，由此引发了一系列网络生活问题。这一主题旨在了解当代大学生的网络道德现状并分析原因，提出可行的对策建议，引领大学生文明上网，促使大学生始终保持高尚的网络道德和良好的法律意识。

3. 大学生创业意愿调查研究

大学生就业是当前社会普遍关注的热点与焦点，对大学生进行就业创业教育，培养大学生的创新精神，加强对大学生创业的积极引导与鼓励，把大学生培养成未来职业的创造者，成为有创业能力的新人，是高校义不容辞的责任。这一主题将对在校大学生创业意愿的创业态度、创业能力、创业条件、创业氛围、创业信息、创业障碍的情况展开调查，初步了解在校大学生的就业意愿现状，分析影响在校大学生创业意愿的因素，发现在校大学生在自主创业方面所面临的疑惑与问题，以便改进教学内容，有效激发大学生的创业意愿，进而对有创业意愿的学生予以有针对性的指导和帮助。

4. 关于大学生爱情观与恋爱行为调查研究

爱情是一个古老而常新的人生话题，是人生一道亮丽的风景线。大学校园内的恋爱现象越来越普遍，爱情观和恋爱行为的偏离不仅会影响学生一生的幸福，也会严重影响学生的事业和前途。为了解当代大学生的恋爱现状，这一主题针对大学生的恋爱态度、恋爱动机、恋爱行为、性观念及恋爱观教育等方面进行调查，分析其原因，并有针对性地提出对策和建议，帮助大学生树立正确的恋爱观和人生观。

（三）社会实践教学参考选题

农村老年人家庭赡养问题调查——以××市××村为研究重点

当前，我国人口老龄化现象日趋严重，在庞大的老年群体中，农村老年人口约占老年人口总数的80%。如何让老人安度晚年，已经不仅仅是一种道德层面上的义务，它更是一种法律上规定的强制性义务，无论是儿子或是女儿，都有同等的赡养老人的义务，否则不仅要受到道德上的谴责，而且还会受到法律上的制裁。这一选题旨在了解农村老年人家庭养老的基本情况、生活状况、赡养情况以及当前生活面临的困难和迫切需要解决的问题，分析其成因，并提出解决这些问题的对策和建议。

七、学习宪法法律　建设法治体系

（一）课堂实践教学参考选题

1. 如何做一名遵纪守法的大学生——课堂讨论

遵纪守法作为大学生思想道德修养的重要内容，是大学生个人对国家道德责任的“底线”，是做合格公民的前提。在弘扬和践行遵纪守法方面，高等学校应当走在社会前列，切实发挥好引领、示范和辐射作用。当前，社会风气总体来说是好的，青年学生的主流也是积极向上的。但是，我们必须清醒地看到，部分大学生法律意识淡薄，还存在着打架斗殴、酗酒、偷窃，不遵守学习纪律、考试作弊，不爱护公共设施、乱丢垃圾等大量违法违纪现象。因此，这一选题旨在帮助学生了解遵纪守法的基本内容，不断践行遵纪守法的行为，夯实把他们培养成社会主义事业合格建设者和可靠接班人的基础。

2. 说说对宪法的认识——课堂讨论

宪，就是规制，就是范围，就是制度，就是法令。宪法，就是法令的法，就是对法的限制。宪定，就是用宪法来规定范围，规定行为准则，规定行为方式，规定行为权限，规定行为效力。马克思说：“宪法是法律的法律。”宪法是国家的根本大法，具有最高的法律地位、法律权威、法律效力，具有根本性、全局性、稳定性、长期性，是治国安邦的总章程。宪法统率下的社会主义法律体系，是由多个法律部门组成的有机统一整体。该选题主要是通过讨论，加深学生对宪法的认识，了解“母法”的特点。

（二）校园实践教学参考选题

校园法制宣传日活动

结合每一年全国法制宣传日开展主题为“弘扬法治精神，促进社会和谐”的系列活动。通过开展“法律与道德”主题教育、法律知识专题讲座、模拟法庭、法律咨询、法制宣传板报评比等活动，深入扎实开展宪法宣传，广泛传播法律知识，提高大学生的法律意识和法律素质，促进全社会自觉学法、守法、用法和和谐校园氛围的形成。

（三）社会实践教学参考选题

挖掘分析冤假错案

改革开放30多年，中国经过拨乱反正，已经向法治社会迈进，并且初步形成了完备的法律制度和法律体系。但是，仍然存在着一定数量的冤假错案，每一次冤假错案的曝光，均挑战着法律与正义的底线，一次次考验着人们的心理承受极限，给司法公信带来灾难性影响。因此，在我国法治建设深入发展的过程中，如何纠正和防止冤假错案，应当成为一项更值得重视的课题。这一选题旨在让学生收集媒体上曝光的冤假错案，逐一分析形成冤假错案的具体原因，找出冤假错案的关键，提出防范冤假错案应采取的具体措施，加强对宪法法律和法治理论的学习与践行，不断提升法律素质。

八、树立法治理念　尊重法律权威

（一）课堂实践教学参考选题

1. 法安天下 德润人心（依法治国和以德治国）——课堂讨论

法律与道德的关系，是古往今来一个永恒的话题，二者既彼此区别又不可分割，都是国家治理、社会运行不可或缺的重要手段。党的十八届四中全会提出要坚持依法治国和以德治国相结合，强调这是全面推进依法治国必须遵循的重要原则。今天我们建设社会主义法治国家，必须贯彻和落实好这一重要原则，坚持一手抓法治，一手抓德治，实现法律和道德相辅相成、法治和德治相得益彰。

法治与德治相辅相成。离开德治谈法治，犹如缺少精神支柱的人，光有骨架，没有内涵。法律和道德，一个是硬约束，一个是软约束；一个是外在的他律，一个是内心的自律，但二者又具有内在一致性。依法治国是外化于行，以德治国是内化于心。法律是准绳，任何时候都不能违背；道德是基石，任何时候都不可忽视。这一选题旨在让学生理解想把法治中国建设好，就必须坚持依法治国和以德治国相结合，使法治和德治在国家治理中相互补充、相互促进、相得益彰，推进国家治理体系和治理能力现代化。

2. 情大于法还是法大于情——主题辩论

法是法律法规等的简称，具有规定性、稳定性、强制性等特点。情是人情，人的情感表现具有不定性、复杂性、多样性等特点。当两者冲突时，应优先考虑法还是情？法能容情，但情不可以破坏法，容情于制法，拒情于执法，才能让法不受到破坏，又让社会不至于冷漠无情。这一主题旨在让学生理解现实生活中坚持法治与重视人情之间的关系，通过辩论，学生可以明晰情与法的关系，更加理性地认识法律。

（二）校园实践教学参考选题

模拟法庭

模拟法庭是指在教师的指导下，以司法审判中的法庭审判为参照，模拟审判某一案件的活动。由学生扮演庭审的各个角色，模拟庭审的法官、书记员、公诉人、辩护人、法定代理人、被告人、证人、法警等。“模拟法庭”活动选择容易发生在学生群体中的典型案例为素材，模拟法庭庭审过程。案例的选择首先要具有典型性、代表性，是经常发生在学生中的案件，如因琐事纠纷而引发故意伤害、被他人侵害后又邀约同伙进行斗殴等。选择常见案例而不是罕见案例，这样更贴近学生的生活，更容易被学生接受，并且能够有针对性地预防青少年犯罪。组织“模拟法庭”活动，能使学生在参与和观摩中提高对法律的认识，明白要敬畏法律，使其知法、懂法、自觉守法。这种法制教育形式还具有亲和力，容易让参与学生接受，起到“以身说法”的作用。

（三）社会实践教学参考选题

大学生法律意识状况调查与分析

法律意识是公民理解、尊重、执行和维护社会主义法律规范的重要保证。公民的遵纪守法行为不会自然产生，而是在一定法制观念、法律意识的指导下实现的。具备了社会主义法律意识，就会做到不仅不犯法，而且能积极维护法律的尊严。大学生树立法律意识，是现代化法制建设的基本要求，也是成为一名合格的接班人的需要。

当代大学生法律意识的现状十分严峻，大学生的法律知识水平普遍不高。当前我国大学生大都重视专业课，而对法律基础课不予以重视。同时大学生法律观点出现偏差，法制观念淡薄。很多大学生在他们的权利受到侵害时会选择沉默，而不是去争取他们的利益。这就会使大学生的法律意识越来越淡，导致高等院校呈现出逐年上升的违法犯罪现象。这一选题旨在让学生调查发现现有的法律教育所存在的问题与不足，分析形成的原因，并提出一些比较实际的措施和建议，同时也对学生学习法律知识起到一定的触动和警示作用。

九、行使法律权利　履行法律义务

（一）课堂实践教学参考选题

1. 法权与人权——主题辩论

人权与法的关系不能看做纯粹的权利与法的关系，它反映着更为深层的社会、经济、政治、文化和道德内涵。从更为广泛的意义上讲，人权与法的关系同时也是一个社会和国家经济、政治、文化、道德与法律之间的关系。人权的确立，取决于国家的社会制度、经济制度和法律制度，也取决于一个社会和民族的文化、历史传统和信念。

人权可以作为判断法律善恶的标准。人权是法的源泉，法是人权的体现和保障。人权的实现要得到法律的确认和保护，没有法律对人权的确认、宣布和保护，人权要么只能停留在道德权利的应有状态，要么经常面临受侵害的危险而无法救济。人权往往通过法律权利的形式具体化。这一选题旨在让学生理解人权与法律的辩证关系，在行使人权的过程中也要遵纪守法。

2. 执法者缘何犯法？——课堂讨论

作为执法者，肩负社会公平与正义，捍卫国法尊严是其最基本的职责，理应坚守法律底线。然而，某些地方的执法者，无视党纪国法，以法谋私，执法犯法。让人更愤恨的是某些执法者甚至草菅人命，炮制冤案假案，视法律如儿戏，置人民生命于不顾。执法者犯法，其社会危害性巨大，尽管是少数，或者个案，但已严重影响到国家及人民的前途和命运，轻则一个人的命运被改写，一个家庭的正常格局被打乱，重则草菅人命，为社会埋下了许多的不稳定因素，其实质就是腐败。该选题主要是让学生查阅比较典型、社会影响较大的案例，分析执法者违法的表现、原因以及深刻教训，让学生明白一个道理：普及法律知识，不仅仅是学习法律、懂得法律条文的含义那么简单，更深层次应该涉及个人的法律意识问题。否则，法律条文学得再好也是白搭。对此，学生应更加深刻领会习近平同志“把权力关进制度的笼子里”的精神指示，各级部门应加强监管，对于执法犯法者应加大追究其刑事责任，使其“不敢腐”“不能腐”，让执法者不仅仅是法律的执行者，更是法律的忠实守护者。

（二）校园实践教学参考选题

1. 大学生维权意识调查

做好大学生的维权工作，是实现依法治校的需要，也是构建和谐校园、文明校园的重要保障。由于大学生自我保护意识不强，他们的合法权益被侵害屡有发生。如何提高大学生的维权意识，完善大学生维权机制，保障大学生的合法权益，并提供适合大学生维护自己合法权益的方法，就成了当下摆在高校管理工作者面前的一个新课题。这一选题旨在让学生查阅有关学生权益受到侵害的案例，阅读相关法律条文，结合自身实际，认真学法，自觉守法、用法和护法，培养维权意识，增强学生维权效果。

2. 法律知识竞赛

为了丰富学生的法律知识，提高学生的法律观念，提升学生学习、了解法律的热情，帮助学生真正做到“知法、懂法、守法、用法”，我校马克思主义学院举办了一次法律知识竞赛活动，以班级为单位组织学生参赛，以教材法律知识为蓝本组织竞赛题目，以坚持“厚德重教、德法并举、知法用法、修身养德”为原则，引导学生不断提高法律意识和法律素质，努力养成自觉学法守法用法的行为习惯。

（三）社会实践教学参考选题

法院旁听

应坚持课堂教育与课外教育相结合，切实增强学生法律意识和法制观念，实现学生与法庭和法律的“零距离”接触，帮助学生真正了解法律，增强大学生的法律意识，让大学生从实际的案例中知法、懂法，从而达到法制教育的目的。这一选题要求学校与本地法院建立联系，结合课程中相关法律知识，组织学生到法院了解司法机关设置、职能及运行；选取合适典型案件，组织学生去法院旁听；组织法院工作人员与学生进行交流，了解社会主义法律体系及依法治国的相关情况。同时，教师要求学生详细记录法院旁听前期准备工作，进入法庭的经过，以及开庭的时间、地点、案件类型、案号、法庭组成人员，原告、被告、案件基本事实，双方答辩要点，当事人各方争执的焦点，双方出示的主要证据以及案件记录及感悟，以及案件后续了解等内容。通过法院旁听活动，让学生对“思想道德修养与法律基础”课有更深的了解，帮助学生明确自己的法律责任。

第三节 “思想道德修养与法律基础”课实践教学的考核机制

合理、系统的教学评价体系对教学过程的开展以及教学实践的取得具有重要的导向和促进作用，实践教学需要与之相配套的教学考核评价体系的支持。抓好“思想道德修养与法律基础”课的实践教学环节，探索实践教学的方法途径和效果考核，对于改进思想政治理论课的教学现状，提高课堂教学质量和教学实效，提升大学生思想政治教育效果有着非常重要的现实意义。没有考核评价标准和体系，实践教学就可能走形式，收不到应有的效果。由此，构建合理、客观、系统、多元的考核评价体系是确保“思想道德修养与法律基础”课实践教学实效的重要条件，也是构建“思想道德修养与法律基础”课实践教学体系的重要内容。

一、“思想道德修养与法律基础”课教学考核评价体系现状

目前，“思想道德修养与法律基础”课的考核主要是以闭卷考试为主，学生所得到的成绩，只是对基本知识的记忆程度的反映。如果单纯地采用这种形式，根本无法真正反映出学生的品德状况，而且也给学生造成了一个错觉：品德的高低只是通过试卷的成绩来反映，大大降低了这门课的德育教学效果。这就需要建立一套科学有效的能反映学生真实道德水平的评价方式。因此，有必要对“思想道德修养与法律基础”课的考核问题进行重新探讨。

当前的“思想道德修养与法律基础”课考核与传统的考试并没有任何区别，过分地强调甄别和选拔功能，考试的目的无非就是说明学生已经接受过思想道德修养与法律基础方面的教育了，至于学生是否真正学到了东西却无人问津。其实，“思想道德修养与法律基础”课教学不仅要向学生灌输正确的理论观点，让学生知道是什么、为什么，更重要

的是要引导学生如何做，真正做到知行合一，自觉提高思想道德素质和法律素质，将正确的理论观点内化为内心的思想素质、政治素质、道德品质和法律素质，外化为政治理论的"四真"（真懂真信真学真做），真正达到是非判断、价值判断与价值选择的完美统一。因此，"思想道德修养与法律基础"课的考核要科学，要发挥促进学生发展、教师提高和改进教学实践的功能。

就"思想道德修养与法律基础"课实践教学而言，由于教学本身需要付出更多的精力，而学校对于实践教学工作又没有形成有效的评价及激励机制，导致部分教师参与实践教学的热情和动力不足，直接导致教学效果打折扣，也使得学生在实践性教学的参与过程中缺乏向心力和动力。

在传统的德育课程教学评价机制中，卷面分数是判断学生学习情况的唯一标准，但在实践中我们会发现，往往一个卷面分很好的学生可能在真正面对同类问题时，会束手无策、心怀胆怯，知与行的矛盾和对立使我们的教学效果大打折扣。虽然"思想道德修养与法律基础"课加强了实践教学的要求，但是对于学生成绩的评价和考核长期以来缺乏科学的指标体系，学生获得的考评成绩主要由期末考试的"知"类客观成绩和平时表现的"行"的主观印象分组成。表面上对受教育者的知行进行了双考核，但却很不完善和科学。真正的课外表现、社会公益活动参与等"行"并没有体现出来。这正是造成高校部分大学生"知行不一"的重要原因之一，也是高校思想政治课实效性不高的症结所在。

从大学生思想道德和法律修养的现状来看，普遍存在着知行脱节的现象，知行不一主要表现在知而不行，知而不乐于行，知而只要求别人行甚至不知也不行等，严重损害了大学生的形象。部分学生尽管平时表现难如人意，但仅因为考试成绩很好就获得提干、入党、推荐就业等优先照顾，这既不利于其个人的健康成长，也不利于和谐集体的创建。

知行的不统一还会给学生的成长造成潜移默化的恶性影响，使他们无形中养成说一套做一套的虚伪作风，会使人丢失掉忠诚、宽容、诚实、守信等一系列的美德，而且这种不能正确反映真实现状的考核方法既不符合思想道德品质形成的基本规律，也没有体现课程的要求，不能通过知行合一来提高大学生的思想道德修养。因此，改革考试方法，完善考核机制，真正实行“知行”双考核是“思想道德修养与法律基础”课教学改革的迫切任务。

二、“思想道德修养与法律基础”课实践教学考评主要方法

对“思想道德修养与法律基础”课的实践教学进行考核，其目的是扭转教师和学生轻视实践课程的观念，促使教师认真教学，学生认真参加实践，从而确保“思想道德修养与法律基础”课实践教学的效果。总的说来，实践教学的考核评价应坚持过程与结果、知与行、动态与静态相结合的原则，因此评价体系的设计应体现出：定性与定量评价相结合，全面评价与特色评价相结合，他人评价与自我评价相结合，静态评价与动态评价相结合。具体而言，“思想道德修养与法律基础”课的实践教学考核评价主要有如下方法。

（一）时代性与导向性相结合的方法

时代性是指“思想道德修养与法律基础”课的考核要体现出时代特征，当今的时代特征主要表现在科学技术的迅速发展、经济全球化的趋势、社会主义市场经济的建立、高等教育大众化的进程和大学生个体差异的增大等方面。导向性是指要充分发挥“思想道德修养与法律基础”课的考核对学生思想、道德等方面的导向作用。只有这样，才能体现考核的根本价值。“思想道德修养与法律基础”课实践教学考评要紧紧围绕“考评是为了更好地实现课程的教学目标，增强实践教学的实效性，促进学生思想道德素质和法律修养的全面提高，达到知行统一”这一目的要求，充分发挥教师与学生开展实践教学的积极性和创造性。

（二）定性考核与定量考核相结合的方法

“思想道德修养与法律基础”课是一门以人为对象的教育活动，主要解决的是人的思想、观点、立场等问题。本课的一部分“精神成果”是很难量化的，其效果的评价只能是近似的模糊值，如好、较好、一般等。一味地追求精确的数量关系，这在事实上并不可能，因此，在确立考核标准时要以定性陈述为主，同时定性与定量相结合。离开定量考核的定性考核，容易使认识停留在模糊的阶段，离开定性考核的定量考核，也难以对数量做出科学的评价。因此，必须坚持定性考核和定量考核相结合的原则。

（三）静态考核与动态考核相结合的方法

静态考核向来以所谓逻辑严谨、设计精密、统计量化、结构性强、过程客观、测试简便、可比性强、易于标准化等特征为世人所推崇。静态考核虽然可以让老师了解学生当时的表现以及与他人比较时相对的状态等信息，但它未能探索和提供学生潜在发展的信息。为弥补静态考核的缺陷，这就需要充分考虑到动态考核。动态考核有两层意义：一是跨越多个时间段观察、评估学生的进步与改变，从而了解学生的动态认知历程与认知能力变化的特点和潜能。二是考核者与被考核者之间产生大量的互动，强调考核与教学结合，实施个体化的诊断、考核与教学补救。动态考核具有兼重学习结果与学习历程、兼重回顾性考核与前瞻性考核、兼重认知改变与学习迁移能力、兼重教学与考核的整合、兼重静态与动态、兼重诊断与处方、兼重师生双向沟通与互动的特点，可以评估与预测学生最佳的发展水准，是一种颇具现代教育理念的评价策略。

（四）过程考核与结果考核相结合的方法

过程性原则是指在进行实践教学的考评时，不能只注重考核的结果，应将教师对整个实践教学过程中的组织管理以及对学生在实践教学中所体现出的思想、行为、能力等实际表现，做出全面的考评。传统的考核向来关注结果，对于学生的课业发展评价来讲，结果考核主要是判断学生在某一时间点所取得的成就或表现，只关心教学目标的达成情况，了解学生会什么和不会什么，而对不同的学生个体如何取得现有的学习成果以及在学习过程中存在什么问题，则不够关心。因此，结果考核常借助终结性测验或水平考试。过程考核则是针对课程实施过程或学生学习过程所进行的，经常采用形成性测验评价和诊断性测验评价方法。“思想道德修养与法律基础”课的考核应该在学生的学习过程中进行，只有结果考核与过程考核两者相辅相成，才能更好地发挥考核的积极功能。

（五）单一主体考核和多主体考核相结合的方法

“思想道德修养与法律基础”课实践教学的考评应将学校、教师、学生等多方面相结合，进行综合性评价，不能只从某一角度或某一方面进行考评。传统的考评机制只有教师对学生的考评，很少有学生互评、自评和对教师的评价。将教师对学生的评价与学生对教师的评价、学生的互评和自评相结合，加强对该课实践教学环节的有效监督，可有效避免实践教学过程中教师的随意性，也有利于提高学生道德与法律行为的自我约束力。为使评价结果科学合理，凸显实践教学的特点，应建立由学校教务部门、任课教师、辅导员和学生构成的“四位一体”多元化考评主体。其中，学校教务部门的考评是指根据“思想道德修养与法律基础”课实践教学的目的和要求，对照考评指标，采取适当的考评方式，对实践教学活动开展情况进行考核评价。如：考评实践教学活动的主题是否突出、目标是否明确、采取的方式是否适当、教学组织是否到位、效果是否明显等。此外，学生是“思想道德修养与法律基础”课实践教学活动的主体，理应在实践教学评价中发挥主体作用，可以采用学生评价教师、学生自评和学生互评相结合的方式进行。

（六）主观考核与客观考核相结合的方法

授课教师组织的考试主要考核学生对理论知识的掌握程度。受个人认识能力的限制，他们不可能对每一个学生平时的道德行为进行全面、科学、准确的评价。这就必须充分发挥辅导员、班主任和每一个学生的作用，建立多层次、全方位的大学生道德行为考评体系，即考核主体多元化，主观考核与客观考核相结合。通过任课教师、辅导员和班主任进行考评，有利于建立对学生的道德实践行为进行督促和激励的机制，使学生的思想政治工作真正落到实处。通过学生互评和自评，有利于学生道德行为的自我约束和良好道德行为的自我养成。

（七）客观性与实效性相结合的考核方法

对实践教学的考评结果要进行客观分析，总结实践教学过程的得失，对实践活动的不足之处做出反思和总结，并提出改进建议和方法，使实践教学模式得到进一步完善，以促进“思想道德修养与法律基础”课实践教学良性循环。实效性原则，力戒形式主义，注重通过课堂教学与实践教学相结合，考核实践教学对学生树立正确人生观、价值观的实效。对于基本理论知识的考核可以在课程结束时统一进行，对于理论知识的理解则需要在学习过程中进行过程考核，对于行为操行的考核不仅需要进行过程考核，还需要根据学生自身的变化和提高予以综合评定。对学生操行行为的考核，要根据课程学习过程分阶段进行评定，对每个阶段应进行总结评价，注意观察学生行为变化实际，达到逐步改进提高的目的。为保证考核过程的全面性和真实性，应与学校思想政治工作、学生工作相结合，因此，可以考虑聘请课程辅助教师，也就是聘请相关班级的辅导员作为课程辅助教师，帮助完成课程考核。如果辅导员条件具备，也可以直接由班级辅导员担任该项课程。

三、“思想道德修养与法律基础”课实践性教学的考核内容

学生学习成绩的评定是对学生学习情况的综合反映，也是教学目标能否实现的重要标志。因此，学生成绩的考核必须与培养目标相适应，并真正反映出培养目标的完成程度。学校应建立一套规范的“思想道德修养与法律基础”课实践教学评价体系，包括坚实的理论基础、较强的实践能力和良好的行为习惯。“思想道德修养与法律基础”课实践教学考核主要有如下要求：

对于课堂实践教学，主要考核学生是否积极认真参加实践教学的培训活动，是否按照要求查阅资料，是否认真阅读教师所推荐的书目、影视视频资料，是否独立完成读后感或者观后感的撰写，是否认真准备发言或者辩论稿。在以小组为单位的实践活动中，所担负的职责、承担任务的多寡等。“思想道德修养与法律基础”课实践教师应根据学生在以上各个环节中的实际表现，评定相应的分数或等级，并给予相应的评语。

对于校园实践教学，主要考核学生态度是否端正，是否独立认真地完成作业，撰写内容是否充实、完备，行文是否流畅，是否全面阐述了问题的来龙去脉，并在此基础上形成自己的分析和看法，志愿活动是否落到实处，访谈座谈记录、资料是否科学、完整等。“思想道德修养与法律基础”课实践教师应根据学生在以上各个环节中的实际表现，评定相应的分数或等级，并给予相应的评语。

对于社会实践教学，主要考核学生是否积极参加包括第二课堂、社团协会活动、“三下乡”、志愿者服务、社会公益活动、企事业单位实习、社会调查、参观访问、社会兼职工作等所有课堂以外的社会实践活动，从中是否逐渐养成了严谨务实的学习态度，培养和锻炼了实际的工作能力。活动是否坚持理论与实践相结合，突出社会实践教学塑造人、教育人、服务地方发展的指导思想；学生是否积极认真参加实践教学的培训学习活动；在校园调查实践过程中是否积极认真主动；是否按时完

成了调查报告的撰写，调查报告的质量和水平如何；在社会实践调查过程中所担负的职责、承担任务的量与质等内容。实践指导教师应根据学生在各个环节中的实际表现来评定相应的分数或等级，并给予相应的评语。

四、“思想道德修养与法律基础”课实践教学考核结果

“思想道德修养与法律基础”课的性质决定了它对学生的考核评价与其他课程不同，不仅要考核学生理论教学中的“知”，还要评价实践教学中的“行”，要实行“知行双考核”，因为学校教育不能仅仅关注学生在校几年中的发展，而是要为他的一生负责，为社会负责。

实践证明，“思想道德修养与法律基础”课实践教学考核要充分体现重实践性、重过程性的特点，具有可行性、可操作性和规范性。

实践教学以学生的表现和态度、能力和水平、组织纪律、任务完成情况、社会调查报告等几个方面的情况进行综合考核。实践成绩按优秀、良好、中等、及格和不及格五级记分制评定。评分标准如下：

优秀（90分及以上）：能很好地完成实践任务，达到实践教学大纲中规定的全部要求；实践报告能对实践内容进行全面、系统总结，并能运用学过的理论对某些问题加以分析；在考核时能比较圆满地回答问题，并有某些独到见解；实践态度端正，实践中无违纪行为。

良好（80~89分）：能较好地完成实践任务，达到实践教学大纲中规定的全部要求；实践报告能对实践内容进行比较全面、系统的总结；考核时能比较圆满地回答问题；实践态度端正，实践中无违纪行为。

中等（70~79分）：达到实践教学大纲中规定的主要要求；实践报告能对实践内容进行比较全面的总结；在考核时能正确地回答主要问题；学习态度基本正确；实践中无违纪行为。

及格（60~69分）：实习态度端正；完成了实践的主要任务，达到实践教学大纲中规定的基本要求；能够完成实践报告，内容基本正确，但不够完整、系统；考核中能回答主要问题；实践中虽有一般违纪行

为，但能深刻认识，及时改正。

不及格（60 分以下）：凡具备下列条件之一者，均为不及格：（1）未按规定时间参加实践活动，未按时上交社会调查报告和实习手册者；（2）未达到大纲中规定的基本要求；（3）社会调查报告马虎潦草、抄袭或内容有明显错误；（4）未参加实践教学时间超过三分之一以上者；（5）学生调查研究报告内容雷同者；（6）有弄虚作假等违纪行为者。

第四章　“思想道德修养与法律基础”课实践教学学生调查问卷实证分析

实践教学是提高基础课实效性的重要途径。“思想道德修养与法律基础”课效果不佳的重要原因之一是理论教学与实践教学的脱节，上课形式比较呆板、枯燥，实践教学则能较好地解决这个问题。近年来，一些高校的探索性研究与实践显示，实践教学在提高学生的学习积极性、培养学生的自主学习能力和思考能力、增加对社会更多的了解、提高学生的综合素质、促进理论与实际相结合等方面具有积极的作用，受到了学生的好评。课题研究小组在自身教学研究的基础上，对湖北大学、武汉科技大学、湖北经济学院等 10 所湖北省普通高等学校在校大学生就基础课实践教学有关问题进行了抽样调查，现将调查结果分析如下。

一、调研方法及调研基本情况

为更好地了解当前高校“思想道德修养与法律基础”课程实践教学开展的具体情况，课题组在部分高校进行了深入细致的调研，提出了相应的改进对策。本次调研主要采取调查问卷的方式，调查问卷以在校本科生学生为对象，共发放调查问卷 350 份，回收 338 份，回收率为 96.6%，有效问卷 338 份，有效率为 100%。从统计的结果来看，参与调查的学生覆盖了大学本科四个年级的学生，并且以一年级学生为主，四个年级相关情况见表 4-1、4-2、4-3，保证了调研结果的代表性和针对性。

表 4-1 **学生年级分布情况**

		频率	百分比	有效百分比	累积百分比
有效	一年级	148	43. 8	43. 8	43. 8
	二年级	63	18. 6	18. 6	62. 4
	三年级	108	32. 0	32. 0	94. 4
	四年级	19	5. 6	5. 6	100. 0
	合计	338	100. 0	100. 0	

从统计结果来看，学生的生活环境分别来自大城市、中小城市、乡镇和农村，占比比较均衡，符合大学生的来源构成，构成比例如下表，保证了调研结果的代表性。

表 4-2 **学生生活环境分布情况**

		频率	百分比	有效百分比	累积百分比
有效	大城市	48	14. 2	14. 2	14. 2
	中小城市	116	34. 3	34. 3	48. 5
	乡镇	69	20. 4	20. 4	68. 9
	农村	105	31. 1	31. 1	100. 0
	合计	338	100. 0	100. 0	

从统计结果来看，被调查的大学生主要来自经管类、理工类、政法类和艺术类，被调查的学生以经管类为主，其他专业相对均衡，反映了当前经管类院校招生的实际比例。

表 4-3 学生专业分布情况

		频率	百分比	有效百分比	累积百分比
有效	经管类	155	45. 9	45. 9	45. 9
	理工类	73	21. 6	21. 6	67. 5
	政法类	62	18. 3	18. 3	85. 8
	艺术类	48	14. 2	14. 2	100. 0
	合计	338	100. 0	100. 0	

二、调查问卷的满意度分析

满意度分析通常是指问卷中关于×××是否满意、评价如何的回答。比如该问卷中的第 6（您对于“思想道德修养与法律基础”课实践教学的基本情况是否了解?）、第 7（您对参加“思想道德修养与法律基础”课实践教学的态度?）、第 14（您对开展“思想道德修养与法律基础”课实践教学的目标是否明确?）、第 19（您认为开展“思想道德修养与法律基础”课实践教学是否必要?）、第 21（您认为目前“思想道德修养与法律基础”课实践教学形式）、第 23（学校开展的各项活动诸如公益活动、社团活动、文体活动、德育主题活动、技能大赛等，您的感受如何?）、第 24（您对于学校组织的社会实践活动所采用的形式是否满意?）、第 29（您对“思想道德修养与法律基础”课实践教学质量的总体评价是?）、第 32（您参加“思想道德修养与法律基础”课实践教学活动的收获怎样?）、第 34（您是否愿意将“思想道德修养与法律基础”课实践教学成绩计入总评成绩?）题。通常是采用李克特量表将其简单量化，计算出相应分数。此次问卷中按照 ABCD 的顺序进行排序，分数越低越倾向于 A 选项，分数越高越倾向于 D 选项，其中标准分为 2. 5，表示态度介于 BC 之间，若是五个选项，则 2. 5 分表示最中间的那个选项，见表 4-4。

表 4-4　　**满意度分析得分表**

	第6题	第7题	第14题	第19题	第21题	第23题	第24题	第29题	第32题	第34题
均值	3.09	3.33	2.85	2.22	2.65	2.04	2.16	2.81	2.19	2.83
中位数	3	3	3	2	3	2	2	3	2	3
众数	3	3	3	2	3	2	2	3	2	3

从表中可以发现，第 19、23、24、32 题的得分低于 2.5 分，说明学生对这四个问题更加倾向于 A 选项，即学生们普遍认为开展“思想道德修养与法律基础”课实践教学是很有必要的，而且认为学校开展各类活动的频率很高，内容很丰富，对学校组织的社会实践活动所采用的形式感到非常满意，并且自己得到的收获也很大。

从表 4-5 中可以看出，“您对于学校组织的社会实践活动所采用的形式是否满意”的回答，选择“非常满意，有助于领悟专业知识，扩大知识面，开阔视野”和“比较满意，虽然理论知识和实际有差距，但可以接触社会，积累经验”分别占 15.7%和 60.1%，两者合起来达到 75.7%，这说明学生对基础课社会实践教学总体比较满意。

但是第 6、7、14、21、29、34 题的分数显著大于 2.5，说明学生在回答这类问题时更加倾向于 D 选项，尤其是第 6 题和第 7 题。这说明了学生对“思想道德修养与法律基础”课实践教学的基本情况很不了解，并且也很不喜欢参加实践课教学。第 14 题也反映了学生对学校开展“思想道德修养与法律基础”这门课的目的很不明确，所以学校有必要加强一下这方面的宣传。此外，第 21、29、34 题反映了学生普遍认为目前“思想道德修养与法律基础”课实践教学形式比较少，而且对实践教学质量的总体评价感到不满意，很不希望将“思想道德修养与法律基础”课实践教学成绩计入总评成绩。

表 4-5 您对于学校组织的社会实践活动所采用的形式是否满意

		频率	百分比	有效百分比	累积百分比
有效	非常满意，有助于领悟专业知识，扩大知识面，开阔视野	53	15.7	15.7	15.7
	比较满意，虽然理论知识和实际有差距，但可以接触社会，积累经验	203	60.1	60.1	75.7
	不满意，老师态度敷衍，随意性大，走马观花	56	16.6	16.6	92.3
	不感兴趣	26	7.7	7.7	100.0
	合计	338	100.0	100.0	

三、调查问卷的频率分析

（一）学生对基础课实践教学的重要性认识准确

“思想道德修养与法律基础”课（简称“基础课”，后同）旨在帮助大学生形成具有符合社会主义要求的思想道德和法律素质。实现这一目标离不开实践教学模式的开展，而实践教学模式的开展需要对其意义有充分的认识，否则难以发挥实践教学在课程中的功能和作用。调查显示，学生认为“实践育人”最重要，占比高达 61.5%，这说明学生对基础课实践教学的重要性有深刻认识。其次为“教书育人”，即我们通常说的课堂理论教学，占比达到 23.4%，两者加起来达到 84.9%，表明学生对实践育人和理论育人高度重视，见表 4-6。

表 4-6　　**认为高校育人体系中哪种方式最重要**

		频率	百分比	有效百分比	累积百分比
有效	教书育人	79	23.4	23.4	23.4
	实践育人	208	61.5	61.5	84.9
	科研育人	24	7.1	7.1	92.0
	管理育人	11	3.3	3.3	95.3
	服务育人	16	4.7	4.7	100.0
	合计	338	100.0	100.0	

调查显示，对于“认为开展基础课实践教学是否必要”这个问题，学生选择“非常必要”和“很有必要”的人数占比高达 71.3%。表明学生高度认同基础课实践教学安排的重要性和实践教学效果的有效性，并积极支持该课程的开设，见表 4-7。

表 4-7　　**认为开展基础课实践教学是否必要**

		频率	百分比	有效百分比	累积百分比
有效	非常必要	86	25.4	25.4	25.4
	很有必要	155	45.9	45.9	71.3
	不必要	32	9.5	9.5	80.8
	说不清楚	65	19.2	19.2	100.0
	合计	338	100.0	100.0	

从调查结果来看，学生对基础课实践教学的重要意义认识深刻，涉及多方面实践能力的培养，绝大部分学生能从不同的角度促进能力的提高，见表 4-8、4-9。

表 4-8 认为开设基础课实践教学最重要的意义在于

		频率	百分比	有效百分比	累积百分比
有效	有利于最大限度地调动大学生学习的主动性、积极性和参与性	89	26.3	26.3	26.3
	将理论与实践相结合，让教学内容更加“接地气”	103	30.5	30.5	56.8
	能增强课堂教学的吸引力、感染力和实效性	41	12.1	12.1	68.9
	有利于大学生对相关理论真知、真信、真行并内化为自身的思想价值观	71	21.0	21.0	89.9
	有助于增进大学生对社会实际情况的了解	31	9.2	9.2	99.1
	无意义	2	0.6	0.6	99.7
	15.00	1	0.3	0.3	100.0
	合计	338	100.0	100.0	

表 4-9 认为基础课实践教学环节对理论教学的意义是

		频率	百分比	有效百分比	累积百分比
有效	课堂互动有效调动了学生学习的积极性	91	26.9	26.9	26.9
	报告和讲座扩大了知识面，促进了理论与实践的结合	89	26.3	26.3	53.3
	学生走出校门参加社会实践，可以为将来工作积累一定经验	123	36.4	36.4	89.6
	没有太大意义	24	7.1	7.1	96.7
	说不清楚	11	3.3	3.3	100.0
	合计	338	100.0	100.0	

学生“认为基础课实践教学最突出的特点是”排第一位的是“解决社会上相关难点、热点问题”占40.5%，选择“讲述的故事有吸引力”的占23.1%，“思想政治性”的占21.3%，选择“学生参与度高”的占14.5%，表明学生学习理论知识的目的主要是为了解决社会难点、热点问题，见表4-10。

表4-10 **认为基础课实践教学最突出的特点是**

		频率	百分比	有效百分比	累积百分比
有效	思想政治性	72	21.3	21.3	21.3
	讲述的故事有吸引力	78	23.1	23.1	44.4
	解决社会上相关难点、热点问题	137	40.5	40.5	84.9
	学生参与度高	49	14.5	14.5	99.4
	5.00	2	0.6	0.6	100.0
	合计	338	100.0	100.0	

在“认为基础课实践教学是否应该作为独立的课程设置”问题上，30.2%的学生认为“非常必要”，43.2%的学生认为应该作为“课堂教学的辅助环节”，表明大部分学生认识到了基础课实践教学的重要性，见表4-11。

表4-11 **认为基础课实践教学是否应该作为独立的课程设置**

		频率	百分比	有效百分比	累积百分比
有效	非常必要	102	30.2	30.2	30.2
	没有必要	54	16.0	16.0	46.2
	课堂教学的辅助环节	146	43.2	43.2	89.3
	不了解	35	10.4	10.4	99.7
	5.00	1	0.3	0.3	100.0
	合计	338	100.0	100.0	

调查显示，学生对基础课实践教学的“非常了解”、“很了解”以及“了解”的比例达到69.5%，总体上讲，学生对基础课实践教学还是了解的。但是，一般“了解”和“不了解”的学生高达82.9%，表明基础课实践教学工作还要加强宣传与落实，让更多的学生深入了解基础课实践教学的目标、途径、内容考核方式等内容，见表4-12。

表4-12 **对于基础课实践教学的基本情况的了解**

		频率	百分比	有效百分比	累积百分比
有效	非常了解	18	5.3	5.3	5.3
	很了解	38	11.2	11.2	16.6
	了解	179	53.0	53.0	69.5
	不了解	101	29.9	29.9	99.4
	5.00	2	0.6	0.6	100.0
	合计	338	100.0	100.0	

（二）学生对基础课实践教学目标明确，态度比较喜欢

基础课实践教学建设不是在理论问题和学术问题上做过多探讨，而是更关注实践教学的操作模式、合理流程和管理规范的梳理和规定。因此，学生对于开展基础课实践教学的目标是否明确是实践教学能否高质量完成的重要前提。调查显示，9.2%的学生对开展基础课实践教学的目标是“非常明确”，20.7%的学生选择“很明确”，46.7%的学生选择“明确”，只有23.1%的学生选择“不明确”，见表4-13。

表 4-13　　对开展基础课实践教学的目标是否明确

		频率	百分比	有效百分比	累积百分比
有效	非常明确	31	9. 2	9. 2	9. 2
	很明确	70	20. 7	20. 7	29. 9
	明确	158	46. 7	46. 7	76. 6
	不明确	78	23. 1	23. 1	99. 7
	5. 00	1	0. 3	0. 3	100. 0
	合计	338	100. 0	100. 0	

数据表明，学生在“参加基础课实践教学的态度”项目中，“非常喜欢”、“很喜欢”和“喜欢”的比例分别为 7. 1%、12. 1%和 44. 7%，累计达到 63. 9%。因此，教师在基础课教学过程中，应相应地增加实践教学的内容和比例，以满足学生的期望，见表 4-14。

表 4-14　　参加基础课实践教学的态度

		频率	百分比	有效百分比	累积百分比
有效	非常喜欢	24	7. 1	7. 1	7. 1
	很喜欢	41	12. 1	12. 1	19. 2
	喜欢	151	44. 7	44. 7	63. 9
	不喜欢	43	12. 7	12. 7	76. 6
	说不清楚	79	23. 4	23. 4	100. 0
	合计	338	100. 0	100. 0	

对于基础课实践教学学生最关心问题的调查，35. 2%的学生最关心“对实践内容的选题是否感兴趣”，33. 1%的学生选择“用实践来验证理论问题”，因此，教师在进行基础课实践教学设计时应充分考虑以上因素，如此才能增加学生兴趣，增强实践教学效果，见表 4-15。

表 4-15 **在基础课实践教学过程中最关心的问题是**

		频率	百分比	有效百分比	累积百分比
有效	用实践来验证理论问题	112	33.1	33.1	33.1
	对实践内容的选题是否感兴趣	119	35.2	35.2	68.3
	实践操作模式	59	17.5	17.5	85.8
	实践教学流程是否合理	29	8.6	8.6	94.4
	实践教学管理是否规范	10	3.0	3.0	97.3
	其他	9	2.7	2.7	100.0
	合计	338	100.0	100.0	

在实践教学环节上，36.4%的学生选择“学生自主参与的实践教学活动”，30.2%的学生选择“任课老师带队的实践教学活动”，表明学生既想要自己独立参加和完成实践教学活动，又希望得到教师的指导与帮助。因此，在实践教学方案设计过程中，教师应充分考虑到学生的这一需求与认知，见表 4-16。

表 4-16 **希望基础课实践教学环节应采取的最佳组织方式是**

		频率	百分比	有效百分比	累积百分比
有效	任课老师带队的实践教学活动	102	30.2	30.2	30.2
	学生自主参与的实践教学活动	123	36.4	36.4	66.6
	院系部组织的实践教学活动	59	17.5	17.5	84.0
	学校团委组织的实践教学活动	29	8.6	8.6	92.6
	以社团为单位组织的实践教学活动	18	5.3	5.3	97.9
	其他	7	2.1	2.1	100.0
	合计	338	100.0	100.0	

在“基础课实践教学过程中您感到最困惑的是”调查中，学生选择最多的是“调查实施困难”，其次是“调查报告撰写困难”和“实践选题困难”，分别占27.8%、23.4%和20.1%。因此，教师在指导学生进行学生实践过程中应抓住这三个问题重点来指导学生，见表4-17。

表4-17 **基础课实践教学过程中您感到最困惑的是**

		频率	百分比	有效百分比	累积百分比
有效	实践选题困难	68	20.1	20.1	20.1
	调查实施困难	94	27.8	27.8	47.9
	调查报告撰写困难	79	23.4	23.4	71.3
	团队合作困难	32	9.5	9.5	80.8
	没有专业教师指导和组织	45	13.3	13.3	94.1
	其他	18	5.3	5.3	99.4
	7.00	2	0.6	0.6	100.0
	合计	338	100.0	100.0	

对于很少参加或者不愿主动参加基础课实践教学的原因问题，30.5%的学生选择“形式不够新颖，缺乏吸引力”，30.2%的学生选择“教师与学生、管理部门缺乏有效沟通，对实践教学活动的要求和安排不具体”，22.8%的学生选择“理论教学与实践教学联系不够紧密”。因此，教师在进行基础课实践教学方案设计时首先要考虑学生感兴趣的主题和新颖的形式，然后才是协调好具体工作，见表4-18。

表 4-18 很少参加或不愿主动参加基础课实践教学活动的最主要原因是

		频率	百分比	有效百分比	累积百分比
有效	形式不够新颖，缺乏吸引力	103	30.5	30.5	30.5
	理论教学与实践教学联系不够紧密	77	22.8	22.8	53.3
	教师与学生、管理部门缺乏有效沟通，对实践教学活动的要求和安排不具体	102	30.2	30.2	83.4
	学校实践教学资源（如场地、设备、实践基地、经费等）不足	55	16.3	16.3	99.7
	5.00	1	0.3	0.3	100.0
	合计	338	100.0	100.0	

（三）学生对基础课实践教学类型最偏好社会实践教学

基础课实践教学主要包括课堂实践教学、校园实践教学和社会实践教学。目前，各高校基础课实践教学因多方面原因主要采取课堂实践教学的形式来实施。然而，调查结果显示，在基础课实践教学的类型中，学生认为社会实践教学是他们最感兴趣的教学类型，共有 179 人选择该项，占 53%。校园实践教学、课堂实践教学、虚拟实践教学分别占比为 18.9%、15.4%和 8.0%。因此，我们在基础课实践教学环节应多开展社会实践项目，提高社会实践教学时间比例，见表 4-19。

基础课社会实践教学要求学生利用各种课余时间特别是寒暑假时间走出校门，到基层去，到工农群众中去，亲历各种社会实践活动，并在社会实践中实现“了解社会、认识国情，增长才干、奉献社会、锻炼毅力、培育品格”的教育目的。在“对哪种基础课社会实践教学形式最感兴趣”的调查中，学生最感兴趣的是“志愿服务”，占 26.6%，其次为“与专业实习相结合的实践活动”，占比为 23.4%，再次为“社会

表 4-19　　对哪种基础课实践教学形式最感兴趣

		频率	百分比	有效百分比	累积百分比
有效	社会实践教学	179	53.0	53.0	53.0
	校园实践教学	64	18.9	18.9	71.9
	课堂实践教学	52	15.4	15.4	87.3
	虚拟实践教学	27	8.0	8.0	95.3
	都不感兴趣	15	4.4	4.4	99.7
	8.00	1	0.3	0.3	100.0
	合计	338	100.0	100.0	

调查”，占比为21.6%，见表4-20。这表明学生有深入基层，积累社会实践经验，积极响应习总书记对当代大学生提出的“勤学、修德、明辨、笃实”的“八字真经”和“志存高远、德才并重、情理兼修、勇于开拓”的“十六字诀”，切实把文化知识学习与思想道德修养、全面发展与个性发展紧密结合起来，提高综合素质的强烈愿望。同时，教师在指导学生社会实践时应充分考虑学生的兴趣点，注重发挥学生的专业优势，引导他们依托专业平台开展相应的实践活动，培养实际工作能力和社会适应能力。

表 4-20　　对哪种基础课社会实践教学形式最感兴趣

		频率	百分比	有效百分比	累积百分比
有效	社会调查	73	21.6	21.6	21.6
	三下乡”（文化、科技、卫生）社会实践活动	58	17.2	17.2	38.8
	参观、考察	37	10.9	10.9	49.7
	志愿服务	90	26.6	26.6	76.3
	与专业实习相结合的实践活动	79	23.4	23.4	99.7
	6.00	1	0.3	0.3	100.0
	合计	338	100.0	100.0	

基础课授课中，课堂实践教学有助于开拓学生的新境界，演讲形式的课堂实践教学有助于提高学生的自信心；辩论形式的课堂实践教学有助于培养学生的思辨力；社会焦点事例分析、情感体验式课堂实践教学有助于升华学生的人生观。形式多样的课堂实践教学方式有助于提高学生理论联系实际的能力，强化学生自身修养和综合素质的提升。在“对哪种基础课课堂实践教学形式最感兴趣”的调查中，学生最感兴趣的是“案例分析法”和“调研类实践活动”，频率各为106人，占比各为31.4%，见表4-21。因此，教师在设计基础课时要寻找出增强基础课教学实效性的路径，注重学生的兴趣点，把握好重点与难点。

表4-21 **对哪种基础课课堂实践教学形式最感兴趣**

		频率	百分比	有效百分比	累积百分比
有效	案例分析法	106	31.4	31.4	31.4
	课堂讨论法	46	13.6	13.6	45.0
	调研类实践活动	106	31.4	31.4	76.3
	学生模拟教学	26	7.7	7.7	84.0
	道德观察	26	7.7	7.7	91.7
	观看阅读类实践活动	15	4.4	4.4	96.2
	模拟法庭	11	3.3	3.3	99.4
	知识竞赛	2	0.6	0.6	100.0
	合计	338	100.0	100.0	

校园实践教学是指在课堂以外，在高校校园内所进行的实践性教学。主要包括：课外阅读、校园专题活动、校园调查、校内主题汇演、校内服务等形式。在“对哪种基础课校园实践教学形式最感兴趣”的调查中，学生最感兴趣的是“学校公益活动”，频率为106人，占比为31.4%。其次为“学校社团活动”，占比为27.5%，再次为“参加各种知识竞赛、演讲比赛、辩论赛”，占比为26.6%，见表4-22。这为教师安排校园社会实践活动提供了指向与路径。

表 4-22 对哪种基础课校园实践教学形式最感兴趣

		频率	百分比	有效百分比	累积百分比
有效	参加各种知识竞赛、演讲比赛、辩论赛	90	26.6	26.6	26.6
	学校社团活动	93	27.5	27.5	54.1
	学校公益活动	106	31.4	31.4	85.5
	学校德育主题活动	23	6.8	6.8	92.3
	学校组织的素质教育讲座报告等	22	6.5	6.5	98.8
	6.00	1	0.3	0.3	99.1
	8.00	2	0.6	0.6	99.7
	31.00	1	0.3	0.3	100.0
	合计	338	100.0	100.0	

在“对哪种基础课虚拟实践教学形式最感兴趣”的调查中，学生最感兴趣的是“网络教学游戏”，占比为31.4%。其他选项“网络调查”、“网络学堂”和“网络论坛”，占比分别为26.3%、24.9%和16.9%，表明学生对“网络虚拟实践教学”不太了解，选项比较分散，而且认为与网络游戏相关，见表4-23。

表 4-23 对哪种基础课虚拟实践教学形式最感兴趣

		频率	百分比	有效百分比	累积百分比
有效	网络调查	89	26.3	26.3	26.3
	网络学堂	84	24.9	24.9	51.2
	网络论坛	57	16.9	16.9	68.0
	网络教学游戏	106	31.4	31.4	99.4
	5.00	1	0.3	0.3	99.7
	6.00	1	0.3	0.3	100.0
	合计	338	100.0	100.0	

（四）学生对目前基础课实践教学的评价中肯

任何一门课程的教育教学活动，教师的教学效果如何，学生的学习效果如何，都需要通过一定的方式进行考核和评价。基础课实践教学的考评，是实践教学效果的最终检验，同时其考评结果又对实践教学的进一步改进起着导向作用。总体而言，学生对目前基础课实践教学的认识和评价比较中肯，见表4-24。

表4-24 **对基础课实践教学质量的总体评价是**

		频率	百分比	有效百分比	累积百分比
有效	非常满意	50	14. 8	14. 8	14. 8
	很满意	67	19. 8	19. 8	34. 6
	满意	149	44. 1	44. 1	78. 7
	不满意	38	11. 2	11. 2	89. 9
	说不清楚	34	10. 1	10. 1	100. 0
	合计	338	100. 0	100. 0	

在“认为基础课理论教学和实践教学两者之间的关系是”选项中，选择“理论教学和实践教学同样重要”频率为133人，占比39. 3%。选择“实践教学可以深化理论教学”和“实践教学比理论教学更重要”的频率分别为80人和77人，合起来占比46. 5%，见表4-25。在学生基础课实践教学座谈会上，大部分学生认为实践教学不仅帮助大学生理解基础课理论书本知识，也帮助大学生对社会实践经验进行理论升华，还能够促进大学生培养理论联系实际的学风，提高学习的主动性和积极性，从而提高理论思维能力。

表 4-25 **认为基础课理论教学和实践教学两者之间的关系是**

		频率	百分比	有效百分比	累积百分比
有效	理论教学比实践教学更重要	44	13.0	13.0	13.0
	理论教学和实践教学同样重要	133	39.3	39.3	52.4
	实践教学比理论教学更重要	77	22.8	22.8	75.1
	实践教学可以深化理论教学	80	23.7	23.7	98.8
	无所谓	4	1.2	1.2	100.0
	合计	338	100.0	100.0	

对于当前基础课实践教学的课时安排，选择“还可以，比较合理”的占 31.1%，选择“应该适当增加”的占 37.3%，合起来占比达 68.4%，见表 4-26。

表 4-26 **认为当前基础课的实践课时安排**

		频率	百分比	有效百分比	累积百分比
有效	应该适当增加	126	37.3	37.3	37.3
	应当减少	70	20.7	20.7	58.0
	比较多	37	10.9	10.9	68.9
	还可以，比较合理	105	31.1	31.1	100.0
	合计	338	100.0	100.0	

对于当前基础课实践教学形式，选择“形式比较少”和“很少”的频率分别为 169 人、52 人，合起来占比 65.4%，这与当前基础课实践教学实际情况相符，见表 4-27。

表 4-27 **认为目前基础课实践教学形式**

		频率	百分比	有效百分比	累积百分比
有效	丰富多样	54	16.0	16.0	16.0
	比较多	62	18.3	18.3	34.3
	形式比较少	169	50.0	50.0	84.3
	很少	52	15.4	15.4	99.7
	5.00	1	0.3	0.3	100.0
	合计	338	100.0	100.0	

对于课堂教学的“课堂分组讨论”实践教学形式，选择“可以学习其他同学的优点，弥补自己的不足”和“提供了展示自己的舞台，锻炼口才”占比分别为36.7%、33.4%，合起来为70.1%，见表4-28。

表 4-28 **课堂分组讨论某个专题，最后由小组长代表发言感受如何**

		频率	百分比	有效百分比	累积百分比
有效	非常感兴趣，可以增进学生之间的交流	58	17.2	17.2	17.2
	提供了展示自己的舞台，锻炼口才	113	33.4	33.4	50.6
	可以学习其他同学的优点，弥补自己的不足	124	36.7	36.7	87.3
	非常反感	21	6.2	6.2	93.5
	没有感受	22	6.5	6.5	100.0
	合计	338	100.0	100.0	

对于学校开展的各项活动，选择“频率较高，但吸引力、感染力不够”达到49.4%，几乎占了一半，见表4-29。

表 4-29 **学校开展的各项活动感受如何**

		频率	百分比	有效百分比	累积百分比
有效	频率很高，形式丰富，能够充分调动学生热情	87	25.7	25.7	25.7
	频率较高，但吸引力、感染力不够	167	49.4	49.4	75.1
	频率较少，没什么影响	68	20.1	20.1	95.3
	几乎没有	15	4.4	4.4	99.7
	5.00	1	0.3	0.3	100.0
	合计	338	100.0	100.0	

2008 年 9 月，中共中央宣传部、教育部在《关于进一步加强高等学校思想政治理论课教师队伍建设的意见》中对高校思想政治理论课实践教学的学分做出了明确规定：要从本科思想政治理论课现有学分中划出 2 个学分、从专科思想政治理论课现有学分中划出 1 个学分开展本专科思想政治理论课实践教学。这是第一次对高校思想政治理论课实践教学学分做出的明确要求和规定，将实践教学摆到了一个更加重要的位置。2012 年，教育部等部门发布《关于进一步加强高校实践育人工作的若干意见》，再次强调落实本科 2 学分、专科 1 学分的实践教学课程要求。基础课课时分配为理论教学课时（36 学时）+实践教学课时（18 学时），有的学校落实了，有的学校没有落实。在“对基础课实践教学时间安排的看法”问卷调查中，有 37.9%的学生认为应该“每两至三个章节进行一次”，有 27.5%的学生选择了“学习完全部课程后进行一次大规模的实践活动”，有 18.9%的学生选择“每一个章节进行一次”，有 15.7%的学生选择“利用假期开展实践活动”，见表 4-30。这些意见有利于我们进一步完善基础课实践教学类型、内容、考评等整体设计。

表 4-30 **对基础课实践教学时间安排的看法**

		频率	百分比	有效百分比	累积百分比
有效	每两至三个章节进行一次	128	37.9	37.9	37.9
	学习完全部课程后进行一次大规模的实践活动	93	27.5	27.5	65.4
	每一个章节进行一次	64	18.9	18.9	84.3
	利用假期开展实践活动	53	15.7	15.7	100.0
	合计	338	100.0	100.0	

基础课实践教学目标是学生通过实践教学活动，在理解和掌握思想政治理论知识，塑造和提升自身的思想政治素质和道德素质方面应该达到的标准或者水平，它在整个实践教学过程中起着导向作用。因此，基础课实践教学应该围绕总体目标，注重针对基础课学习重点、难点以及社会热点，结合大学生的兴趣和关注点，把课堂讲授的基本理论和大学生的学习实践、生活实践、校园实践，与课程内容相关的校外实践结合起来，形成针对性和操作性强的、具有多层次和多维性的基础课实践教学内容。学生普遍认为“实践教学活动内容、形式不够新颖，缺乏吸引力”是影响基础课实践教学活动效果的最主要因素，占比达 48.2%，见表 4-31。

表 4-31 **认为影响基础课实践教学活动效果的最主要因素是**

		频率	百分比	有效百分比	累积百分比
有效	学校实践教学资源不足	79	23.4	23.4	23.4
	实践教学活动内容、形式不够新颖，缺乏吸引力	163	48.2	48.2	71.6
	大学生认识不够，积极性不强	76	22.5	22.5	94.1
	教师责任心不强，组织管理不到位	20	5.9	5.9	100.0
	合计	338	100.0	100.0	

对于“参加基础课实践教学活动的收获”问题，58.6%的学生选择“还可以，有一定效果”，选择“收获很大”的学生只占14.2%，27.2%的学生基本不认可基础课实践教学，见表4-32。

表4-32 **参加基础课实践教学活动的收获**

		频率	百分比	有效百分比	累积百分比
有效	收获很大	48	14.2	14.2	14.2
	还可以，有一定效果	198	58.6	58.6	72.8
	基本没有，持怀疑态度	69	20.4	20.4	93.2
	根本没有任何收获，纯粹浪费时间	23	6.8	6.8	100.0
	合计	338	100.0	100.0	

基础课实践教学活动教师的教学效果如何，学生的学习效果如何，都需要一定的方式进行考核和评价，该考评结果又对实践教学的进一步改进起着导向作用。所以，基础课实践教学考评活动既是实践教学实施的终点，也是新的起点。我们认为，基础课实践教学考评的主要内容应该是学生在社会实践中的实际表现，包括学生的组织能力、表达能力、动手能力等，重点考查学生的思想道德素质和法律素质。调查结果显示，48.5%的学生认为基础课实践教学应“侧重考核学生运用该理论观察和分析社会问题的能力”，而选择“侧重考核学生在该理论方面的学术研究能力”、“侧重考核学生对相关理论的理性认识能力”和“侧重考核学生对该理论持有的情感态度”分别占21.3%、17.8%和10.4%，见表4-33。因此，在实践教学考核过程中，教师应该充分说明每一项实践教学的最终目的和考核要求，并且要兼顾实践能力培养和理性认知能力。

表 4-33 认为基础课实践教学考核评价最主要的指标是

		频率	百分比	有效百分比	累积百分比
有效	侧重考核学生对相关理论的理性认识能力	60	17.8	17.8	17.8
	侧重考核学生运用该理论观察和分析社会问题的能力	164	48.5	48.5	66.3
	侧重考核学生在该理论方面的学术研究能力	72	21.3	21.3	87.6
	侧重考核学生对该理论持有的情感态度	35	10.4	10.4	97.9
	说不清楚	7	2.1	2.1	100.0
	合计	338	100.0	100.0	

在“是否愿意将基础课实践教学成绩计入总评成绩”的问题上，选择“非常愿意”、“很愿意”和“愿意”的学生高达76.9%，表明学生很看重和认同基础课实践教学的过程与结果，见表4-34。

表 4-34 是否愿意将基础课实践教学成绩计入总评成绩

		频率	百分比	有效百分比	累积百分比
有效	非常愿意	45	13.3	13.3	13.3
	很愿意	64	18.9	18.9	32.2
	愿意	151	44.7	44.7	76.9
	不愿意	58	17.2	17.2	94.1
	说不清楚	20	5.9	5.9	100.0
	合计	338	100.0	100.0	

在“怎样看以书写实践报告的方式作为实践教学成绩评定依据”问题上，认为“很好，可以培养问题意识和写作能力”的学生只占

26.9%，不认同这种考核方式的学生高达73.1%，见表4-35。因此，教师在基础课实践教学的考核方式上一定要注重综合能力的考核，以免产生以偏概全的后果，挫伤学生参与实践教学的积极性和主动性。

表4-35 **怎样看以书写实践报告的方式作为实践教学成绩评定依据**

		频率	百分比	有效百分比	累积百分比
有效	很好，可以培养问题意识和写作能力	91	26.9	26.9	26.9
	一般，容易以偏概全	149	44.1	44.1	71.0
	没有必要，只要达到实践教学目的就行	70	20.7	20.7	91.7
	很麻烦，没有兴趣	28	8.3	8.3	100.0
	合计	338	100.0	100.0	

基础课实践教学中的主体具有广泛性，但是，大学生和基础课教师无疑是最主要的主体。学生与教师相互关系如何定位，也是增强基础课实践教学效果的关键之一。一般而言，大学生是实践教学的首要主体，是实践教学的直接参与人和受益者；教师则是实践教学的又一重要主体，是实践教学的主导者、引导者。调查显示，学生对于基础课实践教学中学生与教师的关系认识还是比较深刻的，选择“学生为主体，教师协助”、“学生自主”、“学生为主体，教师为主导”的比例高达78.4%，而选择“教师为主导，学生协助”的只占21.6%，见表4-36。因此，基础课实践教学应当充分尊重和激发大学生的积极性、主动性和创造性，注重大学生的主动思考、主动参与、主动探索和主动体验。从实践课题的选定、相关资料的收集、实践方案的设计和完善、实践过程的展开、实践方案的调整、实践结束后的总结反思升华，都应该体现大学生的主体地位。

表 4-36　认为基础课实践教学过程中教师和学生的关系是哪种

		频率	百分比	有效百分比	累积百分比
有效	学生为主体，教师协助	155	45.9	45.9	45.9
	教师为主导，学生协助	73	21.6	21.6	67.5
	学生自主	55	16.3	16.3	83.7
	学生为主体，教师为主导	55	16.3	16.3	100.0
	合计	338	100.0	100.0	

实践教学主要由思想政治理论课专任教师担任。教师自身的社会实践能力，包括实践教学的指导能力，直接关系到实践教学的实际教学效果。因此，一支能力强、素质高、结构合理的思想政治教育工作队伍是思想政治理论课实践教学质量和水平的最重要保障。调查显示，学生对教师指导基础课实践教学的作用认可度较高，选择“教师责任心很强，经常给予指导”和“教师责任心较强，能够给予指导”累计百分比达到74.9%。但是，选择“教师责任心一般，没有起到很好的指导作用”和“教师责任心很差，没有起到作用”的学生仍占25.1%，见表4-37。这说明高校主管部门对打造高素质的基础课实践教学指导教师要高度重视，要采取一切可行的措施提高教师的实践教学水平。

表 4-37　认为教师在指导学生参加基础课实践教学中的作用如何

		频率	百分比	有效百分比	累积百分比
有效	教师责任心很强，经常给予指导	85	25.1	25.1	25.1
	教师责任心较强，能够给予指导	168	49.7	49.7	74.9
	教师责任心一般，没有起到很好的指导作用	64	18.9	18.9	93.8
	教师责任心很差，没有起到作用	21	6.2	6.2	100.0
	合计	338	100.0	100.0	

四、调查问卷的交叉分析

在按地区分组的过程中，我们发现只有少部分问题的回答是和地区有关的，由于数据量比较大，无法将每道题都呈现出来，下面只给出在统计上具有显著差异的情况，并给出主要结论。

实证结果表明：关于基础课实践教学的了解情况，大城市、中小城市、乡镇的学生普遍都比较了解，而来自农村的学生则有近半数的人是不了解基础课实践教学的情况，见表 4-38。

表 4-38　　**来自※对于基础课实践教学的基本情况是否了解**

计数　　交叉表

		对于基础课实践教学的基本情况是否了解					合计
		非常了解	很了解	了解	不了解	5.00	
来自	大城市	3	8	25	12	0	48
	中小城市	4	22	63	27	0	116
	乡镇	2	4	43	20	0	69
	农村	9	4	48	42	2	105
合计		18	38	179	101	2	338

实证结果表明：关于基础课实践教学环节应采取的最佳组织方式，大城市的学生普遍希望任课老师带队，而中小城市和乡镇的学生则希望自主参与实践教学活动，来自农村的学生没有特定的态度，普遍徘徊于希望任课老师带队和自主参与之间，见表 4-39。

实证结果表明：关于是否应该将基础课实践教学作为独立的课程设置，绝大部分的学生认为“非常有必要”和是“课堂教学的辅助环节”，这两种观点在中小城市及以下的地区最能体现出来，而在大城市的学生中，观点相对比较零散，没有特别集中的想法，见表 4-40。

表 4-39 来自※希望基础课实践教学环节应采取的最佳组织方式是

计数 交叉表

		希望基础课实践教学环节应采取的最佳组织方式是						合计
		任课老师带队的实践教学活动	学生自主参与的实践教学活动	院系部组织的实践教学活动	学校团委组织的实践教学活动	以社团为单位组织的实践教学活动	其他	
来自	大城市	19	12	11	3	2	1	48
	中小城市	32	48	19	8	5	4	116
	乡镇	18	28	4	10	8	1	69
	农村	33	35	25	8	3	1	105
合计		102	123	59	29	18	7	338

表 4-40 来自※认为基础课实践教学是否应该作为独立的课程设置

计数 交叉表

		认为基础课实践教学是否应该作为独立的课程设置					合计
		非常必要	没有必要	课堂教学的辅助环节	不了解	5.00	
来自	大城市	10	14	18	5	1	48
	中小城市	36	19	55	6	0	116
	乡镇	24	8	31	6	0	69
	农村	32	13	42	18	0	105
合计		102	54	146	35	1	338

在按年级分组的过程中，我们发现一些问题的回答和年级是有关的，由于数据量比较大，无法将每道题都呈现出来，下面只给出在统计上具有显著差异的情况，并给出主要结论。

实证结果表明：关于对开展基础课实践教学的目标是否明确，一年级和三年级的学生基本上明确，但是二年级则介于明确与不明确之间，四年级的学生则是要么很明确要么不明确，见表 4-41。

表 4-41 **年级※对开展基础课实践教学的目标是否明确**

计数 交叉表

		对开展基础课实践教学的目标是否明确					合计
		非常明确	很明确	明确	不明确	5.00	
年级	一年级	14	31	79	23	1	148
	二年级	4	13	21	25	0	63
	三年级	10	19	56	23	0	108
	四年级	3	7	2	7	0	19
合计		31	70	158	78	1	338

实证结果表明：关于当前基础课实践课时安排，一、二、三年级的学生认为应当适当增加，而四年级的学生普遍认为应当减少，见表 4-42。

表 4-42 **年级※认为当前基础课的实践课时安排**

计数 交叉表

		认为当前基础课的实践课时安排				合计
		应该适当增加	应当减少	比较多	还可以，比较合理	
年级	一年级	49	24	12	63	148
	二年级	33	8	6	16	63
	三年级	40	29	15	24	108
	四年级	4	9	4	2	19
合计		126	70	37	105	338

实证结果表明：关于对学校开展的各项活动感受如何，一年级和三年级的学生大部分选择了“频率较高”，而二年级和四年级的学生没有特定的感受，这一点从他们选项分布相对均匀中可以看出，见表 4-43。

表 4-43 **年级※学校开展的各项活动感受如何**

计数 交叉表

		学校开展的各项活动感受如何					合计
		频率很高，形式丰富，能够充分调动学生热情	频率较高，但吸引力、感染力不够	频率较少，没什么影响	几乎没有	5.00	
年级	一年级	51	74	19	4	0	148
	二年级	13	27	21	2	0	63
	三年级	19	60	24	4	1	108
	四年级	4	6	4	5	0	19
合计		87	167	68	15	1	338

实证结果表明：对于学校组织的社会实践活动形式，一、二、三年级的学生普遍感到比较满意，而四年级的学生则比前三个年级感到更加满意，见表 4-44。

表 4-44 **年级※对于学校组织的社会实践活动所采用的形式是否满意**

计数 交叉表

		对于学校组织的社会实践活动所采用的形式是否满意				合计
		非常满意，有助于领悟专业知识，扩大知识面，开阔视野	比较满意，虽然理论知识和实际有差距，但可以接触社会，积累经验	不满意，老师态度敷衍，随意性大，走马观花	不感兴趣	
年级	一年级	23	100	14	11	148
	二年级	7	39	14	3	63
	三年级	15	57	28	8	108
	四年级	8	7	0	4	19
合计		53	203	56	26	338

实证结果表明：对于基础课理论教学和实践教学的关系，一年级的学生普遍认为二者一样重要，并且认为实践教学可以深化理论教学。而

其他三个年级没有特定看法，选项比较分散，见表4-45。

表4-45 **年级※认为基础课理论教学和实践教学两者之间的关系是**

计数 交叉表

		认为基础课理论教学和实践教学两者之间的关系是					合计
		理论教学比实践教学更重要	理论教学和实践教学同样重要	实践教学比理论教学更重要	实践教学可以深化理论教学	无所谓	
年级	一年级	15	71	19	40	3	148
	二年级	12	18	19	14	0	63
	三年级	13	36	35	23	1	108
	四年级	4	8	4	3	0	19
合计		44	133	77	80	4	338

实证结果表明：关于基础课实践教学的意义，一年级和三年级的学生普遍认为可以增加社会实践经验和促进理论与实践相结合，而且课题互动有效调动了学生的积极性。但二年级的学生只认为可以增加社会实践经验，四年级的学生则没有特定的看法，见表4-46。

表4-46 **年级※认为基础课实践教学环节对理论教学的意义是**

计数 交叉表

		认为基础课实践教学环节对理论教学的意义是					合计
		课堂互动有效调动了学生学习的积极性	报告和讲座扩大了知识面，促进了理论与实践的结合	学生走出校门参加社会实践，可以为将来工作积累一定经验	没有太大意义	说不清楚	
年级	一年级	37	44	50	9	8	148
	二年级	14	14	30	3	2	63
	三年级	36	28	37	6	1	108
	四年级	4	3	6	6	0	19
合计		91	89	123	24	11	338

实证结果表明：一年级和三年级的学生基本上对实践教学质量的总体评价是满意的，三年级的学生则普遍感到不满意，四年级的学生普遍感到非常满意，见表4-47。

表4-47 **年级※对基础课实践教学质量的总体评价是交叉表**

计数

		对基础课实践教学质量的总体评价是					合计
		非常满意	很满意	满意	不满意	说不清楚	
年级	一年级	18	34	71	9	16	148
	二年级	9	14	26	7	7	63
	三年级	15	16	47	20	10	108
	四年级	8	3	5	2	1	19
合计		50	67	149	38	34	338

实证结果表明：关于对基础课实践教学时间安排的看法，前三个年级普遍认为每两至三个章节进行一次最合适，而四年级的学生则认为应减少次数或者假期再开展，见表4-48。

表4-48 **年级※对基础课实践教学时间安排的看法交叉表**

计数

		对基础课实践教学时间安排的看法				合计
		每两至三个章节进行一次	学习完全部课程后进行一次大规模的实践活动	每一个章节进行一次	利用假期开展实践活动	
年级	一年级	60	37	31	20	148
	二年级	28	15	14	6	63
	三年级	38	33	17	20	108
	四年级	2	8	2	7	19
合计		128	93	64	53	338

实证结果表明：关于看待以书写实践报告的方式作为实践教学的成绩，一年级的学生大部分认为这种形式一般，其他年级则没有特定的看法，见表4-49。

表4-49 **年级※怎样看以书写实践报告的方式作为实践教学成绩评定依据**

计数 交叉表

		怎样看以书写实践报告的方式作为实践教学成绩评定依据				合计
		很好，可以培养问题意识和写作能力	一般，容易以偏概全	没有必要，只要达到实践教学目的就行	很麻烦，没有兴趣	
年级	一年级	35	74	29	10	148
	二年级	20	26	13	4	63
	三年级	35	43	22	8	108
	四年级	1	6	6	6	19
合计		91	149	70	28	338

实证结果表明：关于实践教学中教师与学生的关系，一、二年级主张学生为主体，教师协助。而三、四年级则没有特定的看法，选项分布相对均匀，见表4-50。

表4-50 **年级※认为基础课实践教学过程中教师和学生的关系是哪种**

计数 交叉表

		认为基础课实践教学过程中教师和学生的关系是哪种				合计
		学生为主体，教师协助	教师为主导，学生协助	学生自主	学生为主体，教师为主导	
年级	一年级	74	31	14	29	148
	二年级	34	11	12	6	63
	三年级	42	25	27	14	108
	四年级	5	6	2	6	19
合计		155	73	55	55	338

在按性别分组的过程中，发现一些问题的回答和其性别是有关的，由于数据量比较大，无法将每道题都呈现出来，下面只给出在统计上具有显著差异的情况，并给出主要结论。

实证结果表明：在高校育人体系中，男生更加倾向于“实践育人”，而女生不仅倾向于“实践育人”，还倾向于“教书育人”，见表4-51。

表4-51 **性别※认为高校育人体系中哪种方式最重要**

计数 交叉表

		认为高校育人体系中哪种方式最重要					合计
		教书育人	实践育人	科研育人	管理育人	服务育人	
性别	男	23	74	12	4	7	120
	女	56	134	12	7	9	218
合计		79	208	24	11	16	338

实证结果表明：关于课堂实践教学形式，男生更倾向于“案例分析法”、“课堂讨论法”、“调研类实践活动”；而女生只倾向于“案例分析法”和“调研类实践活动”，见表4-52。

表4-52 **性别※对哪种基础课的课堂实践教学形式最感兴趣**

计数 交叉表

		对哪种基础课的课堂实践教学形式最感兴趣								合计
		案例分析法	课堂讨论法	调研类实践活动	学生模拟教学	道德观察	观(看)(阅)读类实践活动	模拟法庭	知识竞赛	
性别	男	33	24	38	12	7	1	4	1	120
	女	73	22	68	14	19	14	7	1	218
合计		106	46	106	26	26	15	11	2	338

实证结果表明：对于基础课社会实践教学形式，男生更倾向于“社会调查”，而女生更倾向于“志愿服务”，见表4-53。

表4-53 **性别※对哪种基础课社会实践教学形式最感兴趣**

计数 交叉表

		对哪种基础课社会实践教学形式最感兴趣						合计
		社会调查	“三下乡”（文化、科技、卫生）社会实践活动	参观、考察	志愿服务	与专业实习相结合的实践活动	6.00	
性别	男	31	22	19	20	27	1	120
	女	42	36	18	70	52	0	218
合计		73	58	37	90	79	1	338

实证结果表明：关于基础课虚拟实践教学形式，男生更倾向“网络学堂”，而女生更倾向于“网络调查”和“网络游戏教学”，见表4-54。

表4-54 **性别※对哪种基础课虚拟实践教学形式最感兴趣**

计数 交叉表

		对哪种基础课虚拟实践教学形式最感兴趣						合计
		网络调查	网络学堂	网络论坛	网络游戏教学	5.00	6.00	
性别	男	24	41	22	33	0	0	120
	女	65	43	35	73	1	1	218
合计		89	84	57	106	1	1	338

实证结果表明：在基础课实践教学过程中，男生最大的困惑是“调查实施困难”和“团队合作困难”，而女生最大的困惑是“实践选题困难”、“调查实施困难”以及“调查报告撰写困难”，见表4-55。

表 4-55 **性别※在基础课实践教学过程中您感到最困惑的是**

计数 交叉表

		在基础课实践教学过程中您感到最困惑的是							合计
		实践选题困难	调查实施困难	调查报告撰写困难	团队合作困难	没有专业教师指导和组织	其他	7.00	
性别	男	19	37	20	24	16	3	1	120
	女	49	57	59	8	29	15	1	218
合计		68	94	78	32	45	18	2	338

实证结果表明：女生绝大部分认为目前基础课实践教学形式比较少，而男生虽然也认为基础课实践教学形式比较少，但认为教学形式比较多和丰富多样的人数加起来更多，见表 4-56。

表 4-56 **性别※认为目前基础课实践教学形式如何**

计数 交叉表

		认为目前基础课实践教学形式如何					合计
		丰富多样	比较多	形式比较少	很少	5.00	
性别	男	23	28	50	18	1	120
	女	31	24	119	34	0	218
合计		54	62	169	52	1	338

实证结果表明：女生基本上认为理论教学和实践教学同样重要，但男生中认为理论教学和实践教学同样重要的人和实践教学比理论教学更重要的人基本一样多，见表 4-57。

表 4-57 **性别※认为基础课理论教学和实践教学两者之间的关系是**

计数 交叉表

		认为基础课理论教学和实践教学两者之间的关系是					合计
		理论教学比实践教学更重要	理论教学和实践教学同样重要	实践教学比理论教学更重要	实践教学可以深化理论教学	无所谓	
性别	男	20	38	36	25	1	120
	女	24	95	41	55	3	218
合计		44	133	77	80	4	338

在按专业分组的过程中，发现一些问题的回答和专业是相关的，由于数据量比较大，无法将每道题都呈现出来，下面只给出在统计上具有显著差异的情况，并给出主要结论。

实证分析表明：大部分的学生认为“实践育人”是最主要的育人方式，这一观点尤其体现在经管和理工类专业，但在政法和艺术类的学生中，观点则没那么集中，出现了不少将“教书育人”作为主要育人方式的学生，见表 4-58。

表 4-58 **专业※认为高校育人体系中哪种方式最重要**

计数 交叉表

		认为高校育人体系中哪种方式最重要					合计
		教书育人	实践育人	科研育人	管理育人	服务育人	
专业	经管类	31	106	8	5	5	155
	理工类	11	51	7	1	3	73
	政法类	23	29	4	1	5	62
	艺术类	14	22	5	4	3	48
合计		79	208	24	11	16	338

实证分析表明：对基础课实践教学质量的总体评价，经管类学生普

遍感到满意，而理工类学生感到满意的程度更高，普遍处于满意及以上，政法类学生满意程度偏低，普遍处于满意及以下，艺术类的学生看法比较集中，普遍感到满意，见表4-59。

表4-59 **专业※对基础课实践教学质量的总体评价是**

计数 交叉表

		对基础课实践教学质量的总体评价是					合计
		非常满意	很满意	满意	不满意	说不清楚	
专业	经管类	22	32	72	12	17	155
	理工类	16	20	26	5	6	73
	政法类	10	6	24	15	7	62
	艺术类	2	9	27	6	4	48
合计		50	67	149	38	34	338

实证分析表明：关于参加基础课实践的态度，绝大部分的学生都感到喜欢，只有政法类和艺术类存在较大比例的学生感到不喜欢和说不清楚，见表4-60。

表4-60 **专业※参加基础课实践教学的态度**

计数 交叉表

		参加基础课实践教学的态度					合计
		非常喜欢	很喜欢	喜欢	不喜欢	说不清楚	
专业	经管类	15	25	38	15	32	155
	理工类	3	8	40	6	16	73
	政法类	3	4	22	18	15	62
	艺术类	3	4	21	4	16	48
合计		24	41	151	43	79	338

实证分析表明：经管类学生普遍对“志愿服务”和“与专业实习相结合的实践活动”教学形式感兴趣，而理工类和政法类的学生普遍

对“‘三下乡’社会实践活动”以及“社会调查”的教学形式感兴趣，艺术类最偏爱“志愿服务”教学形式，见表4-61。

表4-61　**专业※对哪种基础课社会实践教学形式最感兴趣**

计数　　交叉表

		对哪种基础课社会实践教学形式最感兴趣						合计
		社会调查	“三下乡”（文化、科技、卫生）社会实践活动	参观、考察	志愿服务	与专业实习相结合的实践活动	6.00	
专业	经管类	31	19	15	49	41	0	155
	理工类	15	22	10	16	10	0	73
	政法类	18	12	7	8	17	0	62
	艺术类	9	5	5	17	11	1	48
合计		73	58	37	90	79	1	338

实证分析表明：关于理论教学和实践教学的关系，经管类和理工类学生普遍认为二者一样重要，政法类和艺术类学生则普遍徘徊于理论与实践一样重要或者实践比理论更重要这两个选项之间，见表4-62。

表4-62　**专业※认为基础课理论教学和实践教学两者之间的关系是**

计数　　交叉表

		认为基础课理论教学和实践教学两者之间的关系是					合计
		理论教学比实践教学更重要	理论教学和实践教学同样重要	实践教学比理论教学更重要	实践教学可以深化理论教学	无所谓	
专业	经管类	16	68	29	41	1	155
	理工类	18	28	13	13	1	73
	政法类	8	20	19	13	2	62
	艺术类	2	17	16	13	0	48
合计		44	133	77	80	4	338

实证分析表明：经管类和艺术类学生对实践教学质量的总体评价是满意，而理工类和政法类学生则没有特定的满意程度，分布比较零散，见表4-63。

表4-63 专业※对基础课实践教学质量的总体评价是交叉表

计数

		对基础课实践教学质量的总体评价是					合计
		非常满意	很满意	满意	不满意	说不清楚	
专业	经管类	22	32	72	12	17	155
	理工类	16	20	26	5	6	73
	政法类	10	6	24	15	7	62
	艺术类	2	9	27	6	4	48
合计		50	67	149	38	34	338

五、调查问卷的回归分析

回归分析适合数值型数据和有序型数据，该问卷中没有数值型数据，所以只能根据满意度问题，即第6、7、14、19、23、24、29、32、34这类问题的数据来做回归分析，而这些问题只有第19题（您认为开展“思想道德修养与法律基础”课实践教学是否必要）适合做研究对象，所以本次回归以是否开展“思想道德修养与法律基础”课为因变量，其余问题为自变量进行分析，通过筛选和修正，得到如下的回归结果。

（一）总体上的回归

通过最终的回归结果可以发现（表4-64），模型中只剩下3个具有显著影响的因素，即是否有必要开展“思想道德修养与法律基础”课实践教学，主要考虑的问题为第7、24、34题。

表 4-64 **调查问卷回归分析表**

系数[a]

模型		非标准化系数		标准系数	t	Sig.
		B	标准误差	试用版		
1	(常数)	1.428	0.164		8.683	0.000
	参加基础课实践教学的态度	0.239	0.047	0.270	5.137	0.000
2	(常量)	0.958	0.201		4.760	0.000
	参加基础课实践教学的态度	0.204	0.047	0.230	4.382	0.000
	对于学校组织的社会实践活动所采用的形式是否满意	0.272	0.070	0.204	3.894	0.000
3	(常量)	0.662	0.221		2.996	0.003
	参加基础课实践教学的态度	0.175	0.047	0.197	3.731	0.000
	对于学校组织的社会实践活动所采用的形式是否满意	0.245	0.069	0.184	3.528	0.000
	是否愿意将基础课实践教学成绩计入总评成绩	0.159	0.052	0.161	3.067	0.002

a. 因变量：认为开展基础课实践教学是否必要

分析这三个问题，可以发现：是否开展“思想道德修养与法律基础”课实践教学，需要考虑到大家对参加“思想道德修养与法律基础”课实践教学的态度、学校组织的社会实践活动所采用的形式，以及是否将“思想道德修养与法律基础”课实践教学的成绩写入总评成绩这三个重要因素。

观察回归系数可知，这三个因素对开展“思想道德修养与法律基础”课实践教学的态度起到正向的作用，即学生对参加“思想道德修养与法律基础”课实践教学的喜爱程度每提升一个档次，觉得有必要开展“思想道德修养与法律基础”课实践教学的人数会提高 17.5%；学生对学校组织的社会实践活动形式的满意度每提升一个档次，觉得有必要开展“思想道德修养与法律基础”课实践教学的人数会提高 24.5%；对将“思想道德修养与法律基础”课实践教学的成绩写入总评的支持度每提高一个档次，觉得有必要开展“思想道德修养与法律基础”课实践教学的人数会提高 15.9%。

综上所述，要想有效开展“思想道德修养与法律基础”课实践教学，应该考虑以下三点：①加大“思想道德修养与法律基础”课实践教学的宣传，突出“思想道德修养与法律基础”课实践教学的特色，提高学生对其的喜爱程度。②丰富完善学校组织社会实践活动的形式，让组织形式更加贴近学生的心意。③关于是否将“思想道德修养与法律基础”课实践教学成绩计入总评成绩，需充分考虑学生的观点。

（二）根据年级、专业进行回归分析的结果

上述情况是从整体上考虑的，但是根据年级、专业的不同，回归结果可能有所区别，所以还应该进行分组回归。（考虑到开展“思想道德修养与法律基础”课实践教学是在不同年级与不同专业之间进行，肯定会涉及各个性别和地区，但以性别和地区进行分组回归没多大意义，就舍弃了。）

1. 一年级学生的调查结果

结果表明，在一年级的学生当中，是否开展“思想道德修养与法律基础”课实践教学，需要考虑的因素是大家对参加“思想道德修养与法律基础”课实践教学的态度，以及是否将“思想道德修养与法律基础”课实践教学的成绩计入总评成绩这两个重要因素，见表 4-65。

表 4-65 **一年级回归分析结果**

系数[a]

模型		非标准化系数		标准系数	t	Sig.
		B	标准误差	试用版		
1	（常数）	1.156	0.235		4.919	0.000
	参加基础课实践教学的态度	0.339	0.069	0.376	4.908	0.000
2	（常量）	0.703	0.283		2.488	0.014
	参加基础课实践教学的态度	0.281	0.071	0.312	3.967	0.000
	是否愿意将基础课实践教学成绩计入总评成绩	0.215	0.078	0.217	2.756	0.007

a. 因变量：认为开展基础课实践教学是否必要

2. 二年级学生的调查结果

结果表明，在二年级的学生当中，是否开展“思想道德修养与法律基础”课实践教学，只需要考虑参加“思想道德修养与法律基础”课实践教学的态度这个重要因素，见表 4-66。

表 4-66 **二年级回归分析结果**

系数[a]

模型		非标准化系数		标准系数	t	Sig.
		B	标准误差	试用版		
1	（常数）	1.246	0.360		3.456	0.001
	参加基础课实践教学的态度	0.273	0.098	0.335	2.772	0.007

a. 因变量：认为开展基础课实践教学是否必要

3. 三年级学生的调查结果

结果表明，在三年级的学生当中，是否开展“思想道德修养与法律基础”课实践教学，需要考虑的因素是学校组织的社会实践活动所采用的形式，以及学校开展的各项活动给学生的感受这两个重要因素，见表4-67。

表4-67 **三年级回归分析结果**

系数[a]

模型		非标准化系数		标准系数	t	Sig.
		B	标准误差	试用版		
1	(常数)	1.044	0.278		3.751	0.000
	对于学校组织的社会实践活动所采用的形式是否满意	0.487	0.116	0.378	4.198	0.000
2	(常量)	0.649	0.321		2.023	0.046
	对于学校组织的社会实践活动所采用的形式是否满意	0.390	0.121	0.303	3.227	0.002
	学校开展的各项活动感受如何	0.286	0.122	0.219	2.340	0.021

a. 因变量：认为开展基础课实践教学是否必要

4. 四年级学生的调查结果

由于四年级学生的人数较少，其回归结果不具备科学性，所以不考虑四年级的情况。

5. 经管类专业学生的调查结果

结果表明，在经管类学生当中，是否开展“思想道德修养与法律基础”课实践教学，需要考虑的主要因素是：“是否愿意将基础课实践教学成绩计入总评成绩”，见表4-68。

表 4-68 **经管类学生回归分析结果**

系数[a]

模型		非标准化系数		标准系数	t	Sig.
		B	标准误差	试用版		
1	（常数）	1.300	0.226		5.748	0.000
	是否愿意将基础课实践教学成绩计入总评成绩	0.323	0.076	0.324	4.236	0.000
2	（常量）	0.801	0.269		2.975	0.003
	是否愿意将基础课实践教学成绩计入总评成绩	0.250	0.077	0.251	3.238	0.001

a. 因变量：认为开展基础课实践教学是否必要

6. 理工类学生的调查结果

结果表明，在理工类学生当中，是否开展“思想道德修养与法律基础”课实践教学，需要考虑的因素是学生参加“思想道德修养与法律基础”课的态度和学生是否了解“思想道德修养与法律基础”课这两个重要因素，见表 4-69。

表 4-69 **理工类学生回归分析结果**

系数[a]

模型		非标准化系数		标准系数	t	Sig.
		B	标准误差	试用版		
1	（常数）	1.108	0.372		2.982	0.004
	参加基础课实践教学的态度	0.342	0.106	0.357	3.215	0.002
2	（常量）	0.340	0.503		0.676	0.501
	参加基础课实践教学的态度	0.257	0.111	0.268	2.322	0.023
	对于基础课实践教学的基本情况是否了解	0.332	0.151	0.254	2.201	0.031

a. 因变量：认为开展基础课实践教学是否必要

7. 政法类学生的调查结果

结果表明，在政法类学生当中，是否开展“思想道德修养与法律基础”课实践教学，需要考虑的主要因素是学校组织社会实践活动所采用的形式，见表4-70。

表4-70 **政法类学生回归分析结果**

系数[a]

模型		非标准化系数		标准系数	t	Sig.
		B	标准误差	试用版		
1	（常数）	1.253	0.312		4.021	0.000
	对于学校组织的社会实践活动所采用的形式是否满意	0.393	0.120	0.389	3.268	0.002

a. 因变量：认为开展基础课实践教学是否必要

8. 艺术类学生的调查结果

结果表明，在艺术类学生中，是否开展“思想道德修养与法律基础”课实践教学，需要考虑的主要因素也是学校组织社会实践活动所采用的形式，见表4-71。

表4-71 **艺术类学生回归分析结果**

系数[a]

模型		非标准化系数		标准系数	t	Sig.
		B	标准误差	试用版		
1	（常数）	1.071	0.458		2.341	0.024
	对于学校组织的社会实践活动所采用的形式是否满意	0.590	0.206	0.389	2.863	0.006

a. 因变量：认为开展基础课实践教学是否必要

综上所述，虽然分组后的回归结果略有小变化，但是大致上离不开“对参加‘思想道德修养与法律基础’课实践教学的态度”、“学校组织的社会实践活动所采用的形式”，“是否将‘思想道德修养与法律基础’课实践教学成绩计入总评成绩”这三个因素，而且分组后由于样本量的减少，分组后结果的代表性也就会变差，所以应该偏向于从整体上考虑问题，即可以从这三个因素考虑是否有必要开展“思想道德修养与法律基础”课实践教学。

六、调查问卷的相关分析

由于相关分析适用于特定的数据类型，而问卷中适合做相关分析的题目只有第6、7、14、19、21、23、24、29、32、34题。所以下面只针对这几题进行相关分析。本次采用了Spearman相关系数（越接近1，相关系数越大），分析结果表明这些问题并不是两两之间都存在相关性，下面只列出在统计上显著相关的问题（表中显著性越接近0说明在统计上越显著）。

由于要研究的变量比较多，导致其两两组合的数目过多，分析过程不适合在此一一展示，下面只给出根据相关分析得出的主要结论：对“思想道德修养与法律基础”课实践教学越是了解的学生，其对“思想道德修养与法律基础”课实践教学的目的越是了解。对“思想道德修养与法律基础”课实践教学越是了解的学生，越觉得有必要开展“思想道德修养与法律基础”课实践教学。对“思想道德修养与法律基础”课实践教学越是了解的学生，越认为目前“思想道德修养与法律基础”课的实践形式比较丰富。对“思想道德修养与法律基础”课实践教学越是了解的学生，学校开展的各项活动给学生带来的感受越深。对参加“思想道德修养与法律基础”课实践教学越是感到喜欢的学生，越是对学校组织的社会实践活动形式感到满意。对参加“思想道德修养与法律基础”课实践教学越是感到喜欢的学生，其对“思想道德修养与法律基础”课实践教学质量的总体评价越高。认为有必要开展“思想道

表 4-72

调查问卷相关分析表

相关系数

			对于基础课实践教学的基本情况是否了解	认为开展基础课实践教学是否必要	认为目前基础课实践教学形式如何	学校开展的各项活动感受如何	对于学校组织的社会实践活动所采用的形式是否满意	是否愿意将基础课实践教学成绩计入总评成绩
Spearman 的 rho	对于基础课实践教学的基本情况是否了解	相关系数	1.000**	0.145**	0.294**	0.229**	0.307**	0.030**
		Sig.(双侧)		0.008	0.000	0.000	0.000	0.579
		N	338	338	338	338	338	338
	认为开展基础课实践教学是否必要	相关系数	0.145**	1.000	0.054	0.158**	0.229**	0.248**
		Sig.(双侧)	0.008		0.325	0.004	0.000	0.000
		N	338	338	338	338	338	338
	认为目前基础课实践教学形式如何	相关系数	0.294**	0.054	1.000	0.134*	0.079	0.204**
		Sig.(双侧)	0.000	0.325		0.014	0.149	0.000
		N	338	338	338	338	338	338
	学校开展的各项活动感受如何	相关系数	0.229**	0.158**	0.134*	1.000	0.318**	0.039
		Sig.(双侧)	0.000	0.004	0.014		0.000	0.474
		N	338	338	338	338	338	338
	对于学校组织的社会实践活动所采用的形式是否满意	相关系数	0.307**	0.229**	0.079	0.318**	1.000	0.145**
		Sig.(双侧)	0.000	0.000	0.149	0.000		0.008
		N	338	338	338	338	338	338
	是否愿意将将基础课实践教学成绩计入总评成绩	相关系数	0.030**	0.248**	0.204**	0.039	0.145**	1.000
		Sig.(双侧)	0.579	0.000	0.000	0.474	0.008	
		N	338	338	338	338	338	338

**:在置信度(双侧)为 0.01 时,相关性是显著的。

*:在置信度(双侧)为 0.05 时,相关性是显著的。

德修养与法律基础”课的学生，对学校开展的各项活动的感受越深，对学校开展的社会实践活动越感到满意。认为目前“思想道德修养与法律基础”课形式丰富多样的学生，比较倾向于将“思想道德修养与法律基础”课实践教学成绩计入总评成绩。对学校组织的社会实践活动所采用的形式感到满意的学生，更加乐意将该课实践教学成绩计入总评成绩。对开展“思想道德修养与法律基础”课目标越明确的学生，其参加实践教学活动的收获就感到越多。对参加“思想道德修养与法律基础”课实践教学活动感到收获比较大的学生，也比较愿意将“思想道德修养与法律基础”课实践教学成绩计入总评成绩。

七、调查问卷的总体结论

在进行学生问卷调查分析之前，我们分析了问卷的结构、效度以及信度。相比教师问卷，学生问卷的样本量更大，所以问卷的有效性和可靠性也比教师问卷要高。但学生问卷在数据录入时存在较多误差，导致某些回答出现了不存在的选项，这影响了部分分析的结果，但从整体上看，这种影响还是可以忽略的。

本次分析主要以比较分析、回归分析、相关分析为主，少部分地方用到了聚类分析，得到了一些主要结论，具体如下。

（1）学生问卷当中男生和女生的比例大约为 1∶2，说明问卷分析的结果比较偏向女性；而且一年级和三年级、中小城市和农村、经管类专业的人数多于其他类型的学生，相对而言分析结果也比较偏向他们的观点。

（2）学生普遍认为开展“思想道德修养与法律基础”课实践教学课是有必要的，而且认为学校开展各类活动的频率较高，内容也比较丰富，对学校组织的社会实践活动所采用的形式感到比较满意，并且收获也很大。

（3）大部分学生对学校开展“思想道德修养与法律基础”这门课的目的很不明确，所以学校有必要加强这方面的宣传。学生普遍认为目前“思想道德修养与法律基础”课实践教学形式比较少，而且对实践教学质量的总体评价不高，大部分学生不希望将“思想道德修养与法律基础”课实践教学成绩计入总评成绩。关于当前基础课实践课时安排，一、二、三年级的学生认为应当适当增加，而四年级的学生普遍认为应当减少。

（4）关于基础课实践教学的了解情况，大城市、中小城市、乡镇的学生普遍都比较了解，而来自农村的学生则有近半数的人是不了解基础课实践教学的情况。关于基础课实践教学环节应采取的最佳组织方式，大城市的学生普遍希望由任课老师带队，而中小城市和乡镇的学生则希望自主参与实践教学活动，来自农村的学生没有特定的态度，普遍徘徊于希望任课老师带队和自主参与之间。

（5）对于基础课理论教学和实践教学的关系，一年级的学生普遍认为二者一样重要，并且认为实践教学可以深化理论教学。而其他三个年级没有特定看法，选项比较分散。关于对实践教学次数安排的看法，前三个年级普遍认为每两至三个章节进行一次最合适，而四年级的学生则认为应减少次数或者假期再开展。

（6）对于基础课社会实践教学形式，男生更倾向于社会调查，而女生更倾向于志愿服务。关于基础课虚拟实践教学形式，男生更倾向网络学堂，而女生更倾向于网络调查和网络游戏教学。在基础课实践教学过程中，男生最大的困惑是调查实施困难和团队合作困难，而女生最大的困惑是实践选题困难、调查实施困难以及调查报告撰写困难。经管类学生普遍对志愿服务和与专业实习相结合的实践教学形式感兴趣，而理工类和政法类的学生普遍对“三下乡”社会实践活动以及社会调查的教学形式感兴趣，艺术类最偏爱志愿服务教学形式。

（7）相关分析表明：对“思想道德修养与法律基础”课实践教学越是了解的学生，其对“思想道德修养与法律基础”课实践教学的目的越是了解，越觉得有必要开展“思想道德修养与法律基础”课实践教学，越认为目前“思想道德修养与法律基础”课的实践形式比较丰富。对参加“思想道德修养与法律基础”课实践教学越是感到喜欢的学生，越是对学校组织的社会实践活动形式感到满意。对参加“思想道德修养与法律基础”课实践教学活动感到收获比较大的学生，比较愿意将“思想道德修养与法律基础”课实践教学成绩计入总评成绩。对学校组织的社会实践活动所采用的形式感到满意的学生，更加乐意将“思想道德修养与法律基础”课实践教学成绩计入总评成绩。对开展“思想道德修养与法律基础”课目标越明确的学生，其参加实践教学活动的收获就感到越多。

（8）回归分析表明：是否开展“思想道德修养与法律基础”课实践教学，需要考虑到大家对参加“思想道德修养与法律基础”课实践教学的态度、学校组织的社会实践活动所采用的形式，以及是否将“思想道德修养与法律基础”课实践教学的成绩计入总评成绩这三个重要因素。是否开展“思想道德修养与法律基础”课实践教学，在一年级的学生当中，需要考虑的因素是大家对参加“思想道德修养与法律基础”课实践教学的态度，以及是否将“思想道德修养与法律基础”课实践教学的成绩计入总评成绩；在二年级的学生当中，需要考虑的是对参加“思想道德修养与法律基础”课实践教学的态度；在三年级的学生当中，需要考虑的因素是学校组织的社会实践活动所采用的形式，以及学校开展的各项活动给学生的感受。是否开展“思想道德修养与法律基础”课实践教学，在经管类学生当中，需要考虑的主要因素为是否将基础课实践教学成绩计入总评成绩；在理工类专业当中，需要考虑的因素是学生参加“思想道德修养与法律基础”课的态度和学生是否了解“思想道德修养与法律基础”课；在政法类和艺术类学生当中，需要考虑的主要因素是学校组织社会实践活动所采用的形式。

（9）聚类分析表明：在回答问卷的学生当中，主要存在 3 类学生：第一类是对“思想道德修养与法律基础”课各方面评价较高，觉得有必要开展实践教学的学生；第二类是对“思想道德修养与法律基础”课评价一般，但觉得有必要开展实践教学的学生；第三类是对“思想道德修养与法律基础”课评价一般，觉得没有必要开展实践教学的学生。

第五章　“思想道德修养与法律基础”课实践教学教师调查问卷实证分析

为了全面真实地了解高校“思想道德修养与法律基础”课的实践教学现状，进一步推进基础课的实践教学改革，课题组在部分高校进行了深入细致的调研，提出了相应的改进对策。本次调研主要采取调查问卷的方式，调查问卷以省属普通本科高校党工口教职员工为主要对象，共发放调查问卷 80 份，回收 74 份，回收率为 92.5%，有效问卷 74 份，有效率为 100%。从统计的结果来看，参与调查的对象覆盖了思政课专任教师、专职辅导员、学生工作人员、党务工作者以及其他教职员工，分别占比为 25.7%、40.5%、8.1%、1.4%和 24.3%，并以专职辅导员和思政课专任教师为主，保证了调研结果的代表性和针对性。从性别比来看，男女比例分别为 48.6%和 51.4%，在有效问卷中男女比例大约为 1∶1，分布比较均匀。但从工作领域上来讲，大部分是思政课专任教师和专职辅导员，其余领域只有少部分，所以这些问卷主要倾向于反映这两类教师的观点，见表 5-1、5-2。

一、教师调查问卷的满意度分析

满意度分析通常是指问卷中关于×××是否满意、评价如何的回答。

表 5-1 **工作领域**

		频率	百分比	有效百分比	累积百分比
有效	思政课专任教师	19	25.7	25.7	25.7
	专职辅导员	30	40.5	40.5	66.2
	学生工作人员	6	8.1	8.1	74.3
	党务工作者	1	1.4	1.4	75.7
	其他	18	24.3	24.3	100.0
	合计	74	100.0	100.0	

表 5-2 **性别**

		频率	百分比	有效百分比	累积百分比
有效	男	36	48.6	48.6	48.6
	女	38	51.4	51.4	100.0
	合计	74	100.0	100.0	

比如该问卷中的第 7（您对高校开展“思想道德修养与法律基础”课实践教学的态度是?）、8（您认为学校领导重视思想政治理论课实践教学工作吗?）、10（您认为学校“思想道德修养与法律基础”课实践教学效果怎样?）、15（您对当前高校“思想道德修养与法律基础”课教师指导实践教学的评价是?）题。通常是采用李克特量表将其简单量化，计算出相应分数。此次问卷中按照 ABCD 的顺序进行排序，分数越低越倾向于 A 选项，分数越高越倾向于 D 选项，其中标准分为 2.5，表示态度介于 BC 之间，若是五个选项，则 2.5 分表示最中间的那个选项。

总体情况见表 5-3。

表 5-3　　**教师调查问卷满意度分析表**

	第 7 题	第 8 题	第 10 题	第 15 题
均值	2.03	2.47	2.76	2.64
中值	2	2	3	2
众数	1	2	2	2

从表中可以看出，第 7、8 题的均值分数低于 2.5，说明教师对这两题的答案更加倾向于 A 和 B，即普遍支持高校开展“思想道德修养与法律基础”课实践教学，以及认为学校的领导还是比较重视思想政治理论课实践教学工作。

但第 10、15 题的均值分数偏高，均大于 2.5，说明教师在对这两题进行回答时更加倾向于 C、D 选项，即教师普遍认为学校的“思想道德修养与法律基础”课实践教学效果不是很好，而且对“思想道德修养与法律基础”课指导教师的能力评价也比较差。

但这张表反映的是整体的情况，关于教师们对这四个问题的看法，其具体情况如下：

第 7 题详细情况，见图 5-1、5-2、5-3。

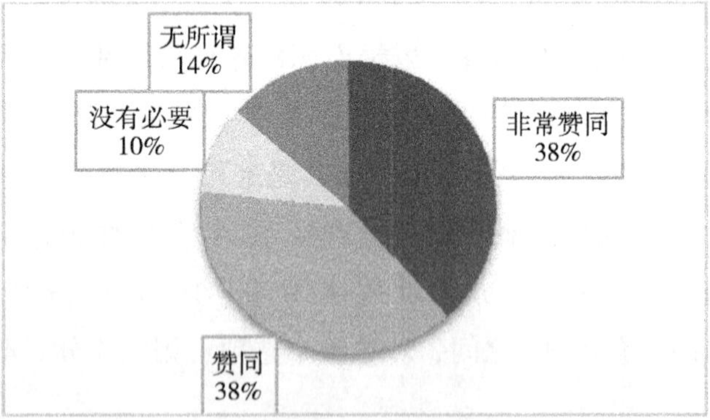

图 5-1　总体情况

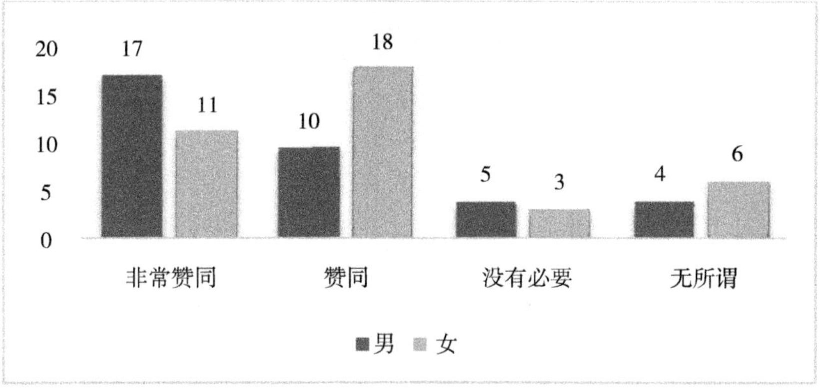

图 5-2 按男女分组情况

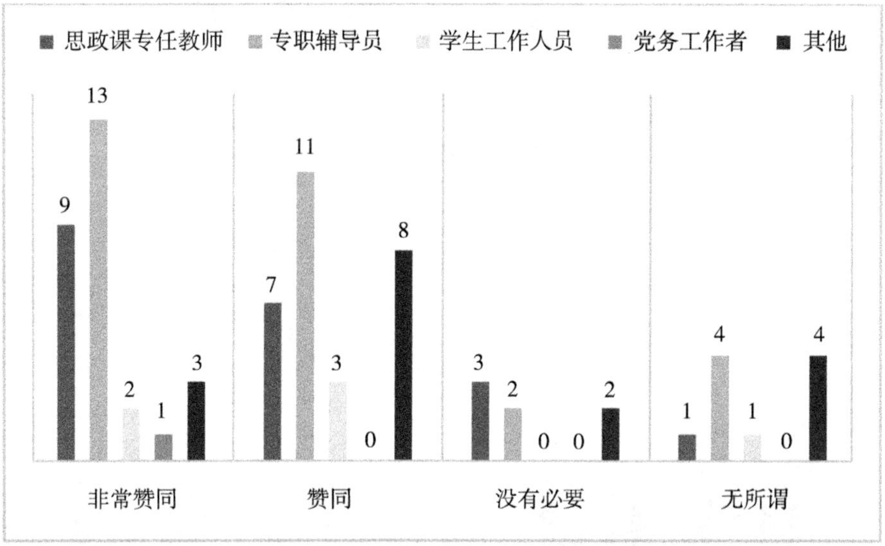

图 5-3 按工作领域分组情况

第 8 题详细情况，见图 5-4、5-5、5-6。

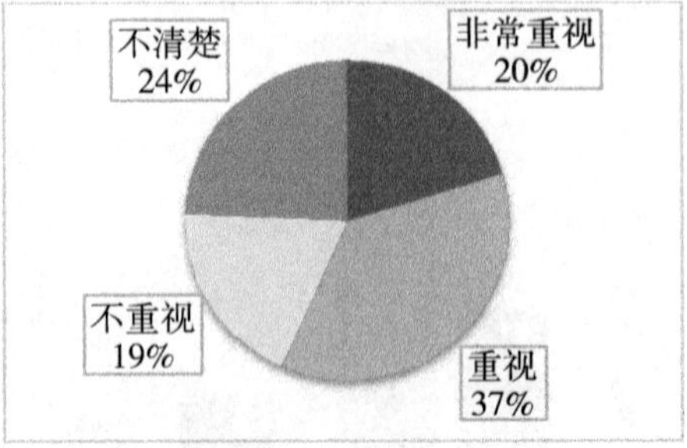

图 5-4　总体情况

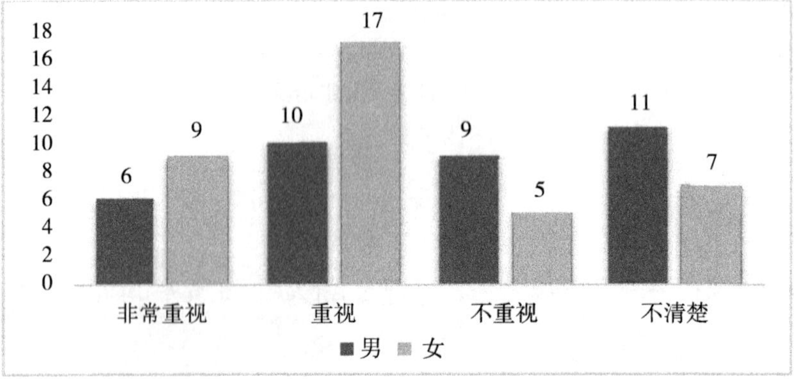

图 5-5　按男女分组情况

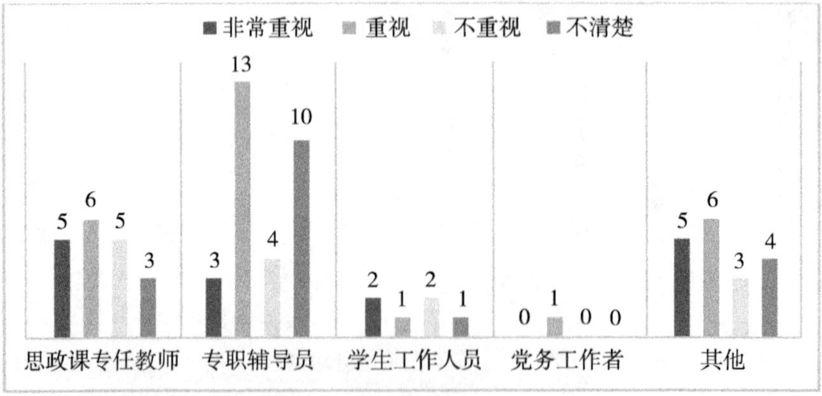

图 5-6　按工作领域分组情况

第 10 题详细情况，见图 5-7、5-8、5-9。

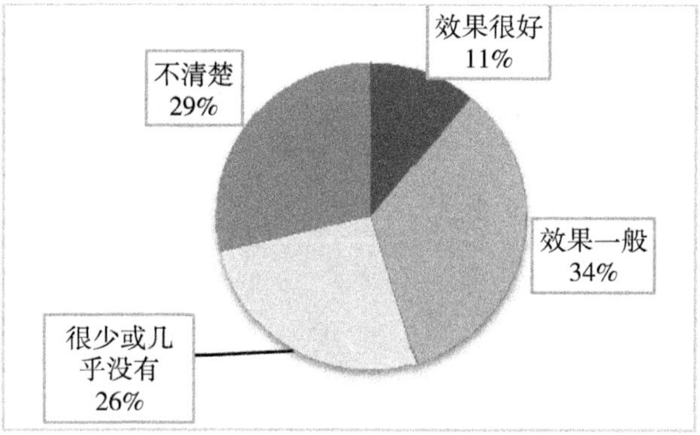

图 5-7 总体情况

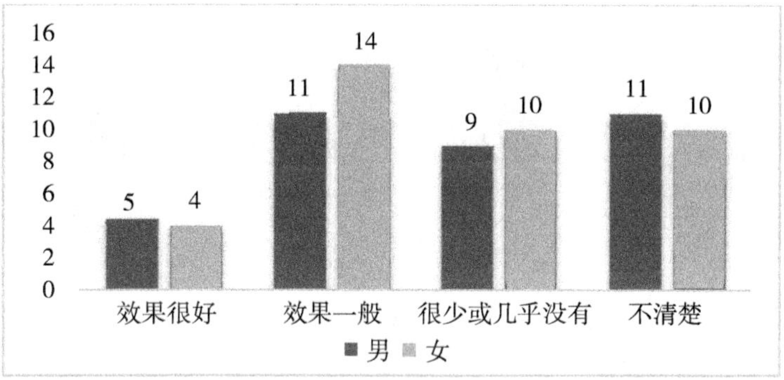

图 5-8 按男女分组情况

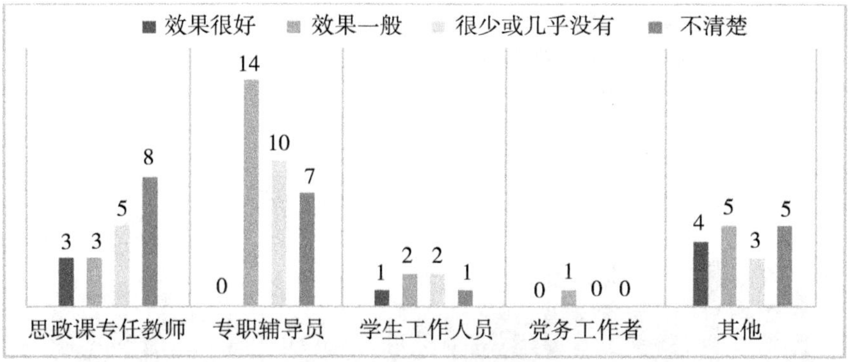

图 5-9 按工作领域分组

第 15 题详细情况，见图 5-10、5-11、5-12。

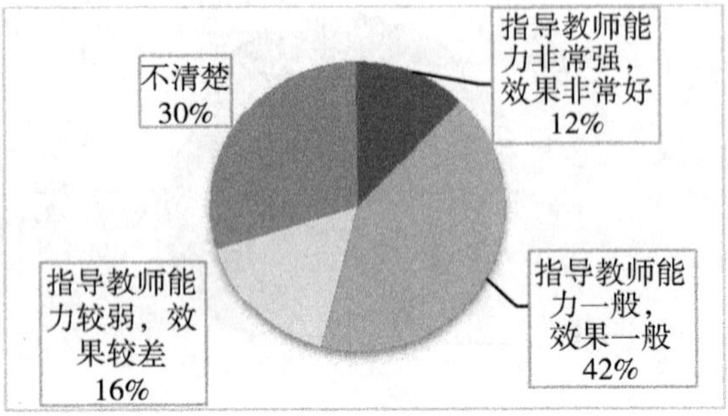

图 5-10　总体情况

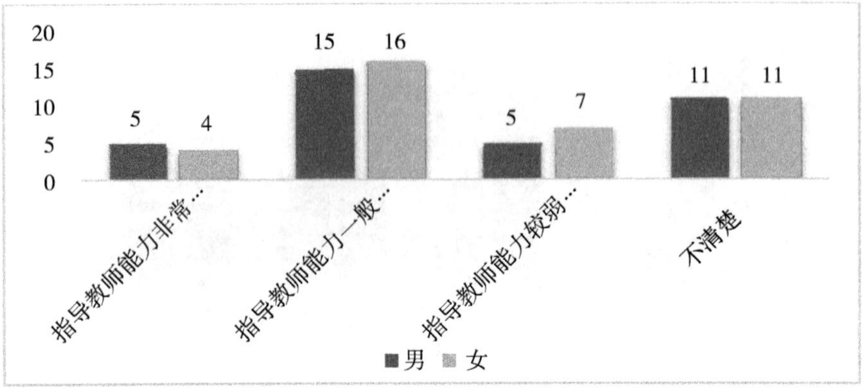

图 5-11　按男女分组情况

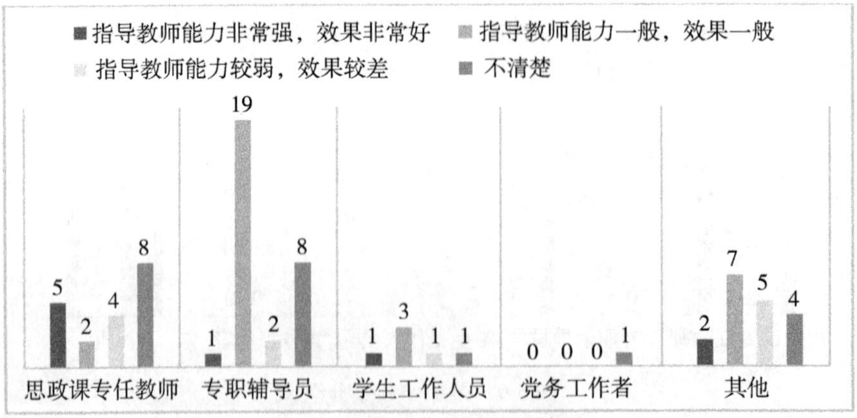

图 5-12　按工作领域分组情况

二、教师调查问卷的比较分析

由于按工作领域分组的比较分析的结果非常多，下面只将在统计上显著的结果列出来，对于分组比较结果不显著的就适当进行忽略，详情可以在对应的附件中查询。

表 5-4 的结果说明，正式讲过思想政治理论课的老师大部分是思政课专任教师和专职辅导员，其他工作领域的老师对思政理论课普遍没有正式讲过，见表 5-4。

表 5-4 **工作领域※在课堂上正式讲过思想政治理论课吗**

计数

交叉表

		在课堂上正式讲过思想政治理论课吗				合计
		以前讲过，现在没讲	正在讲	准备讲	从没讲过，也不准备讲	
工作领域	思政课专任教师	2	17	0	0	19
	专职辅导员	4	12	6	8	30
	学生工作人员	1	0	0	5	6
	党务工作者	0	0	0	1	1
	其他	2	0	1	15	18
合计		9	29	7	29	74

卡方检验

	值	df	渐进 Sig.（双侧）	精确 Sig.（双侧）	精确 Sig.（单侧）	点概率
Pearson 卡方	50.172[a]	12	0.000	0.000		
似然比	62.798	12	0.000	0.000		
Fisher 的精确检验	52.501			0.000		
线性和线性组合	23.672[b]	1	0.000	0.000	0.000	0.000
有效案例中的 N	74					

a. 14 单元格（70.0%）的期望计数少于 5，最小期望计数为 0.09。

b. 标准化统计量是 4.865。

表5-5的结果说明，无论是什么工作领域的老师，都普遍教学手段单一，“大班教学，课堂组织难度较大，师生互动效果不明显”是影响高校基础课教学效果最主要的原因。这一点在专职辅导员中表现得更为明显。

而比起教学手段单一，思政课专任教师更倾向于“大班教学，课堂组织难度较大，师生互动效果不明显”，见表5-5。

表5-5 工作领域※认为影响高校基础课教学效果最主要的因素是

计数

交叉表

		认为影响高校基础课教学效果最主要的因素是							合计
		教学手段单一，灌输填鸭式教育	大班教学，课堂组织难度较大，师生互动效果不明显	理论教学与社会实践脱节	教师讲课水平	社会大环境影响	学校党政领导部门的重视程度	其他因素	
工作领域	思政课专任教师	3	10	6	0	0	0	0	19
	专职辅导员	11	12	3	4	0	0	0	30
	学生工作人员	4	1	1	0	0	0	0	6
	党务工作者	0	1	0	0	0	0	0	1
	其他	9	3	0	2	2	1	1	18
合计		27	27	10	6	2	1	1	74

卡方检验

	值	df	渐进Sig.（双侧）	精确Sig.（双侧）	精确Sig.（单侧）	点概率
Pearson卡方	33.380[a]	24	0.096	[b]		
似然比	36.206	24	0.052	0.008		
Fisher的精确检验	38.948			0.012		
线性和线性组合	1.226[c]	1	0.268	0.278	0.144	0.013
有效案例中的N	74					

a. 29单元格（82.9%）的期望计数少于5，最小期望计数为0.01。

b. 因为内存不足而无法计算。

c. 标准化统计量是1.107。

表5-6的结果表明，无论是哪个工作领域的老师，都普遍认为理论知识是基础课期末成绩评定中最主要的部分。而在其他领域的老师，有较大部分是注重日常思想行为表现。

表5-6 **工作领域※认为学校在基础课期末成绩的评定中最注重哪方面的考核**

计数 交叉表

		认为学校在基础课期末成绩的评定中最注重哪方面的考核					合计
		理论知识	课堂表现	平时作业	日常思想行为表现	实践环节得分和表现	
工作领域	思政课专任教师	14	2	2	0	1	19
	专职辅导员	22	3	2	3	0	30
	学生工作人员	2	2	0	1	1	6
	党务工作者	0	0	0	1	0	1
	其他	6	3	2	5	2	18
合计		44	10	6	10	4	74

卡方检验

	值	df	渐进 Sig.（双侧）	精确 Sig.（双侧）	精确 Sig.（单侧）	点概率
Pearson 卡方	23.660[a]	16	0.097	0.137		
似然比	24.461	16	0.080	0.071		
Fisher 的精确检验	24.657			0.028		
线性和线性组合	10.786[b]	1	0.001	0.001	0.001	0.001
有效案例中的 N	74					

a. 22单元格（88.0%）的期望计数少于5，最小期望计数为0.05。

b. 标准化统计量是3.284。

表5-7表明，思政课专任老师对于学校是否制定了基础课教学实践大纲并不是很了解，从其答案分配较均匀可知，关于这个问题他们并没有统一的看法。而专职辅导员则普遍认为学校制定了基础课实践教学大纲，但也有很多老师对这个问题的答案不是很清楚。

表5-7　　工作领域※学校制定了基础课实践教学大纲吗

计数　　交叉表

		学校制定了基础课实践教学大纲吗					合计
		有，而且名副其实	有，但形同虚设	无	正在制定	不清楚	
工作领域	思政课专任教师	6	1	4	1	7	19
	专职辅导员	5	9	6	0	10	30
	学生工作人员	1	1	0	0	4	6
	党务工作者	0	1	0	0	0	1
	其他	5	0	2	0	11	18
合计		17	12	12	1	32	74

卡方检验

	值	df	渐进 Sig.（双侧）	精确 Sig.（双侧）	精确 Sig.（单侧）	点概率
Pearson 卡方	22.057[a]	16	0.141	0.116		
似然比	23.817	16	0.094	0.056		
Fisher 的精确检验	23.264			0.079		
线性和线性组合	1.452[b]	1	0.228	0.238	0.119	0.009
有效案例中的 N	74					

a. 21单元格（84.0%）的期望计数少于5，最小期望计数为0.01。

b. 标准化统计量是1.205。

关于对基础课教师指导实践教学的回答，各领域的老师基本上都有统一的认识，即普遍认为指导教师的能力一般，效果也一般。这一观点最能反映专职辅导员的想法，而思政课专任教师中则有较大部分认为指导教师能力非常强，效果非常好，见表 5-8。

表 5-8 **工作领域※对当前高校基础课教师指导实践教学的评价是**

计数 交叉表

		对当前高校基础课教师指导实践教学的评价是				合计
		指导教师能力非常强，效果非常好	指导教师能力一般，效果一般	指导教师能力较弱，效果较差	不清楚	
工作领域	思政课专任教师	5	2	4	8	19
	专职辅导员	1	19	2	8	30
	学生工作人员	1	3	1	1	6
	党务工作者	0	0	0	1	1
	其他	2	7	5	4	18
合计		9	31	12	22	74

卡方检验

	值	df	渐进 Sig.（双侧）	精确 Sig.（双侧）	精确 Sig.（单侧）	点概率
Pearson 卡方	20.624[a]	12	0.056	0.047		
似然比	22.338	12	0.034	0.036		
Fisher 的精确检验	22.059			0.012		
线性和线性组合	0.061[b]	1	0.805	0.824	0.418	0.029
有效案例中的 N	74					

a. 14 单元格（70.0%）的期望计数少于 5，最小期望计数为 0.12。

b. 标准化统计量是-0.247。

关于影响高校基础课实践教学的最主要因素这个问题，得不到各领域老师的集中回答，因为每个选项的答案都相对均匀，即四个选项都可以认为是主要影响因素。但相比而言，“教师实践教学的指导能力”和“学生参与的积极性与主动性”是最主要的影响因素。而且相比思政课专任教师，专职辅导员普遍认为“详细的实践教学课程体系”是最主要的影响因素，见表 5-9。

表 5-9 工作领域※认为影响高校基础课实践教学效果的最主要因素是

计数

交叉表

		认为影响高校基础课实践教学效果的最主要因素是				合计
		教师实践教学的指导能力	学生参与的积极性与主动性	学校充足的经费保障	详细的实践教学课程体系	
工作领域	思政课专任教师	8	4	5	2	19
	专职辅导员	6	8	6	10	30
	学生工作人员	4	2	0	0	6
	党务工作者	0	1	0	0	1
	其他	6	10	0	2	18
合计		24	25	11	14	74

卡方检验

	值	df	渐进 Sig.（双侧）	精确 Sig.（双侧）	精确 Sig.（单侧）	点概率
Pearson 卡方	21.491[a]	12	0.044	0.031		
似然比	25.091	12	0.014	0.014		
Fisher 的精确检验	19.898			0.029		
线性和线性组合	1.943[b]	1	0.163	0.169	0.087	0.011
有效案例中的 N	74					

a. 13 单元格（65.0%）的期望计数少于 5，最小期望计数为 0.15。

b. 标准化统计量是-1.394。

从结果中可以看出，关于提高实践教学效果这个问题，构建科学合理的“思想道德修养与法律基础”课实践教学管理体系和运行机制是老师们最主要的看法，但制定科学合理的实践教学大纲体系也是一个比较重要的措施。其中，前者主要反映了思政课专任老师的观点，后者则主要反映了专职辅导员的观点，见表5-10。

表5-10 **工作领域※认为提高基础课实践教学效果最有效的措施是**

计数 交叉表

		认为提高基础课实践教学效果最有效的措施是				合计
		制定科学合理的基础课实践教学大纲等课程体系	构建科学合理的基础课实践教学管理体系和运行机制	实践教学经费到位且使用合理高效	提升教师基础课实践教学指导能力	
工作领域	思政课专任教师	9	3	5	2	19
	专职辅导员	2	18	6	4	30
	学生工作人员	3	2	0	1	6
	党务工作者	0	0	0	1	1
	其他	3	10	0	5	18
合计		17	33	11	13	74

卡方检验

	值	df	渐进 Sig.（双侧）	精确 Sig.（双侧）	精确 Sig.（单侧）	点概率
Pearson 卡方	28. 782[a]	12	0. 004	0. 002		
似然比	31. 474	12	0. 002	0. 001		
Fisher 的精确检验	27. 619			0. 001		
线性和线性组合	0. 903[b]	1	0. 342	0. 360	0. 182	0. 019
有效案例中的 N	74					

a. 15 单元格（75. 0%）的期望计数少于 5，最小期望计数为 0. 15。

b. 标准化统计量是 0. 950。

关于基础课实践教学指导老师的关键工作，其主要回答有2个，即制定详细的基础课实践教学实施方案和参加教育主管部门组织的实践教学培训、学习考察和挂职锻炼是最主要的工作。这两个回答在专职辅导员中没有显著区别，但是在思政课专任老师和学生工作人员中有显著区别，他们更倾向于选择第一个答案，见表5-11。

表5-11 **工作领域※认为作为一位基础课实践教学指导教师，关键是要做好哪项工作**

计数

交叉表

		认为作为一位基础课实践教学指导教师，关键是要做好哪项工作				合计
		制定详细的基础课实践教学实施方案	参加教育主管部门组织的实践教学培训、学习考察和挂职锻炼	参加基础课实践教学教研活动	建设基础课实践教学网络阵地	
工作领域	思政课专任教师	9	2	7	1	19
	专职辅导员	9	13	7	1	30
	学生工作人员	5	1	0	0	6
	党务工作者	0	1	0	0	1
	其他	10	3	5	0	18
合计		33	20	19	2	74

卡方检验

	值	df	渐进 Sig.（双侧）	精确 Sig.（双侧）	精确 Sig.（单侧）	点概率
Pearson 卡方	16.200[a]	12	0.182	0.136		
似然比	18.106	12	0.113	0.088		
Fisher 的精确检验	17.215			0.096		
线性和线性组合	1.510[b]	1	0.219	0.228	0.118	0.017
有效案例中的 N	74					

a. 14单元格（70.0%）的期望计数少于5，最小期望计数为0.03。

b. 标准化统计量是-1.229。

关于校园实践活动与基础课实践教学融合开展的问题，这个回答没有得到统一的认可，各个选项都有人选择，但是“‘青马工程’、志愿服务、社团活动等可以与基础课实践教学相关内容融合”这个选项是比较多的。在专职辅导员和其他工作人员中，这个观点最受重视，见表5-12。

表 5-12　　**工作领域※认为哪项校园实践活动最有可能与基础课实践教学融合开展**

计数　　交叉表

		认为哪项校园实践活动最有可能与基础课实践教学融合开展				合计
		“青马工程”、志愿服务、社团活动等可以与基础课实践教学相关内容融合	专业读书学分、创新学分可以与基础课实践学分互认	大学生暑期社会实践活动可以与基础课实践学分互认	大学生独立的自我设计与优异表现可以作为基础课实践学分	
工作领域	思政课专任教师	6	5	8	0	19
	专职辅导员	13	5	7	5	30
	学生工作人员	3	3	0	0	6
	党务工作者	0	0	1	0	1
	其他	12	3	3	0	18
合计		34	16	19	5	74

卡方检验

	值	df	渐进 Sig.（双侧）	精确 Sig.（双侧）	精确 Sig.（单侧）	点概率
Pearson 卡方	19. 907[a]	12	0. 069	0. 086		
似然比	21. 979	12	0. 038	0. 036		
Fisher 的精确检验	17. 224			0. 082		
线性和线性组合	4. 443[b]	1	0. 035	0. 035	0. 018	0. 003
有效案例中的 N	74					

a. 15 单元格（75. 0%）的期望计数少于 5，最小期望计数为 0. 07。

b. 标准化统计量是-2. 108。

关于学校哪些措施指导到位这个问题，大家普遍认为不清楚，说明学校在这方面的措施没有得到大家的认可，还有待改善。只有思政课专任教师和专职辅导员中少部分人有具体的看法，但人数都不是特别多，见表 5-13。

表 5-13 工作领域※知道学校以下哪一项措施执行到位

计数 交叉表

		知道学校以下哪一项措施执行到位				合计
		学校有保障思政课正常经费之外的“专项经费”	学校严格落实“本科院校按在校生总数每生每年不低于 20 元的标准提取专项经费用于教师学术交流、考察等，并随着学校经费的增长逐年增加”	学校有保障思政课正常经费之外的“专项经费”，但没有足额到位	不清楚	
工作领域	思政课专任教师	6	3	5	5	19
	专职辅导员	1	5	2	22	30
	学生工作人员	2	2	0	2	6
	党务工作者	0	0	1	0	1
	其他	3	2	2	11	18
合计		12	12	10	40	74

卡方检验

	值	df	渐进 Sig.（双侧）	精确 Sig.（双侧）	精确 Sig.（单侧）	点概率
Pearson 卡方	24.344[a]	12	0.018	0.014		
似然比	23.412	12	0.024	0.025		
Fisher 的精确检验	22.511			0.010		
线性和线性组合	0.708[b]	1	0.400	0.410	0.212	0.019
有效案例中的 N	74					

a. 17 单元格（85.0%）的期望计数少于 5，最小期望计数为 0.14。

b. 标准化统计量是 0.841。

关于学校对基础课实践教学的管理，“在学校的监管下，按照相关的管理制度和规定规范实践教学”和“学校相关部门管理一般……”，这两个问题是大家主要的看法。

关于第二个选项，思政专任教师和专职辅导员是有显著区别的，专职辅导员比较倾向于这个选项，而思政专任老师则倾向于其他选项，见表 5-14。

表 5-14 **工作领域※学校对基础课实践教学的管理**

计数 交叉表

		学校对基础课实践教学的管理				合计
		在学校的监管下，按照相关的管理制度和规定规范实践教学	学校相关部门管理一般，虽然制定了相关制度，但执行力一般	学校管理不规范，实践教学随意性很大	根本没人管理，完全无人过问	
工作领域	思政课专任教师	6	3	7	3	19
	专职辅导员	8	12	9	1	30
	学生工作人员	3	3	0	0	6
	党务工作者	0	0	1	0	1
	其他	9	9	0	0	18
合计		26	27	17	4	74

卡方检验

	值	df	渐进 Sig.（双侧）	精确 Sig.（双侧）	精确 Sig.（单侧）	点概率
Pearson 卡方	22.151[a]	12	0.036	0.064		
似然比	27.340	12	0.007	0.005		
Fisher 的精确检验	22.279			0.010		
线性和线性组合	8.831[b]	1	0.003	0.003	0.001	0.000
有效案例中的 N	74					

a. 13 单元格（65.0%）的期望计数少于 5，最小期望计数为 0.05。

b. 标准化统计量是-2.972。

由于按性别分组的比较分析的结果非常多，下面只将在统计上显著的结果列出来，对于分组比较结果不显著的就适当忽略，具体情况如下。

关于影响高校基础课教学效果最主要的因素，男教师普遍认为是"大班教学，课堂组织难度较大，师生互动不明显"等。而女教师普遍认为是"教学手段单一，灌输填鸭式教育"。其次是"大班教学，课堂组织难度较大……"等原因，见表 5-15。

表 5-15　**性别※认为影响高校基础课教学效果最主要的因素是**

计数　交叉表

		认为影响高校基础课教学效果最主要的因素是							合计
		教学手段单一，灌输填鸭式教育	大班教学，课堂组织难度较大，师生互动效果不明显	理论教学与社会实践脱节	教师讲课水平	社会大环境影响	学校党政领导部门的重视程度	其他因素	
性别	男	7	16	7	4	1	1	0	36
	女	20	11	3	2	1	0	1	38
合计		27	27	10	6	2	1	1	74

卡方检验

	值	df	渐进 Sig.（双侧）	精确 Sig.（双侧）	精确 Sig.（单侧）	点概率
Pearson 卡方	11.406[a]	6	0.077	0.042		
似然比	12.502	6	0.052	0.063		
Fisher 的精确检验	11.452			0.033		
线性和线性组合	3.419[b]	1	0.064	0.068	0.039	0.014
有效案例中的 N	74					

a. 9 单元格（64.3%）的期望计数少于 5，最小期望计数为 0.49。

b. 标准化统计量是-1.849。

关于高校基础课实践教学效果的最主要因素，男教师各个选项分布比较均匀，没有统一的看法，而女教师则认为，"教师实践教学的指导能力"和"学生参与的积极性与主动性"才是最主要的因素，这个差异在统计上是显著的，见表 5-16。

表 5-16 性别※认为影响高校基础课实践教学效果的最主要因素是

计数 交叉表

		认为影响高校基础课实践教学效果的最主要因素是				合计
		教师实践教学的指导能力	学生参与的积极性与主动性	学校充足的经费保障	详细的实践教学课程体系	
性别	男	10	10	9	7	36
	女	14	15	2	7	38
合计		24	25	11	14	74

卡方检验

	值	df	渐进 Sig.（双侧）	精确 Sig.（双侧）	精确 Sig.（单侧）	点概率
Pearson 卡方	6. 072[a]	3	0. 108	0. 110		
似然比	6. 441	3	0. 092	0. 106		
Fisher 的精确检验	6. 013			0. 108		
线性和线性组合	1. 460[b]	1	0. 227	0. 246	0. 136	0. 041
有效案例中的 N	74					

a. 0 单元格（0. 0%）的期望计数少于 5，最小期望计数为 5. 35。

b. 标准化统计量是-1. 208。

关于提升基础课教师实践教学能力的主要措施，男教师认为除了"加大基础课教师实践育人水平的培训力度"不是主要措施，其他都是。而在女教师当中，则恰恰相反，她们认为"加大基础课教师实践育人水平的培训力度"才是最主要的措施，其次是转变教师重理论轻实践的态度，见表 5-17。

表 5-17 性别※认为提升基础课教师实践教学能力最主要的措施是

计数 交叉表

		认为提升基础课教师实践教学能力最主要的措施是				合计
		转变教师重理论轻实践、重知识传授轻能力培养的传统教育观念	加大基础课教师实践育人水平的培训力度	坚持不懈开展多种多样的实践教学科研活动	组织教师积极开展基础课相关领域的社会实践、学习考察和学术交流活动	
性别	男	12	5	9	10	36
	女	10	16	7	5	38
合计		22	21	16	15	74

卡方检验

	值	df	渐进 Sig.（双侧）	精确 Sig.（双侧）	精确 Sig.（单侧）	点概率
Pearson 卡方	7.812[a]	3	0.050	0.050		
似然比	8.137	3	0.043	0.049		
Fisher 的精确检验	7.800			0.048		
线性和线性组合	1.241[b]	1	0.265	0.297	0.157	0.045
有效案例中的 N	74					

a. 0 单元格（0.0%）的期望计数少于 5，最小期望计数为 7.30。

b. 标准化统计量是-1.114。

关于哪门课实施了单独的实践教学这个问题，大部分的教师不是很清楚，但是在男教师当中，普遍认为这几门课都没有单独实施。在女教师中则比较倾向于“思想道德修养与法律基础”和“毛泽东思想和中国特色社会主义理论体系概论”这两门课，值得一提的是，“马克思主义基本原理概论”无论是男教师还是女教师，都没有人去选这个选项，见表 5-18。

表 5-18　**性别※认为学校实施了单独的实践教学课的课程是**

计数　交叉表

		认为学校实施了单独的实践教学课的课程是					合计
		思想道德修养与法律基础	中国近现代史纲要	毛泽东思想和中国特色社会主义理论体系概论	都没有	不清楚	
性别	男	2	2	1	14	17	36
	女	5	2	7	7	17	38
合计		7	4	8	21	34	74

卡方检验

	值	df	渐进 Sig.（双侧）	精确 Sig.（双侧）	精确 Sig.（单侧）	点概率
Pearson 卡方	8.071[a]	4	0.089	0.084		
似然比	8.715	4	0.069	0.096		
Fisher 的精确检验	7.988			0.079		
线性和线性组合	2.607[b]	1	0.106	0.113	0.061	0.015
有效案例中的 N	74					

a. 6 单元格（60.0%）的期望计数少于 5，最小期望计数为 1.95。

b. 标准化统计量是-1.615。

三、教师调查问卷的相关分析

由于相关分析适用于特定的数据类型，而问卷中适合做相关分析的题目只有第 3、7、8、10、12、13、15 题，所以下面只针对这几题进行相关分析。

本次采用了 Spearman 相关系数（越接近 1 相关系数越大），分析结果表明这些问题并不是两两之间都存在相关性，下面只列出在统计上显著相关的问题（表中显著性越接近0说明在统计上越显著）。

从表5-19可以看出，第3题的选项与第13题和第15题虽然相关系数不是很大，但是它们呈正向的变化关系在统计上是十分显著的，即没有正式讲过的思想政治理论课的教师通常认为没有必要编写思想政治理论课的实践教材，对“思想道德修养与法律基础”课的教师指导评价越低。但越是正式讲过思想政治理论课的教师，越倾向于编写实践教材，对指导教师的评价也越高。

表5-19 **相关分析情况表①**

与第3题的相关性	第13题	第15题
相关性	0.21	0.191
显著性	0.072	0.103

表5-20反映出第7题的选项与第8、12、13题显著相关，同样地呈现正向的变化关系。即越是对开展“思想道德修养与法律基础”课实践教学持反对态度的教师，越是认为学校领导对思想政治理论课实践教学不够重视，且自己对这个问题的看法也不够清楚。

同样的，对开展“思想道德修养与法律基础”课实践教学持反对态度的教师大部分认为不应该将基础课独立出来，并且没有必要编写思想政治理论课的实践教材。而赞同开展“思想道德修养与法律基础”实践课的教师都比较重视思想政治理论课，希望单独开展思想政治理论课的实践教学，并编写思想政治理论课的实践教材。

表5-20 **相关分析情况表②**

与第7题的相关性	第8题	第12题	第13题
相关性	0.218	0.335**	0.463**
显著性	0.063	0.004	0.000

表5-21反映出第8题的选项与第10、12、13、15题在统计上呈显著的正相关。即第8题选了A、B的教师，第10、12、13、15题倾向于选择A作为自己的态度，也就是认为学校领导对思想政治理论课实践教学重视的教师，通常认为学校“思想道德修养与法律基础”课实践教学效果较好，更加愿意将思想政治理论课实践教学作为一门单独的课程，并希望编写统一的思想政治理论课教材，对当前高校“思想道德修养与法律基础”课指导实践教学的指导教师的评价也普遍较高。

表5-21 **相关分析情况表③**

与第8题的相关性	第10题	第12题	第13题	第15题
相关性	0. 420	0. 203	0. 214	0. 213
显著性	0. 000	0. 083	0. 067	0. 069

表5-22反映出第10题选项与第12、13、15题呈正相关。简单来说，认为有必要将思想政治理论课实践教学作为一门单独课程，并且有必要编写实践课教材的教师，通常都是认为“思想道德修养与法律基础”课实践教学效果比较好，并且对该课教师指导实践教学评价比较高的教师。

表5-22 **相关分析情况表④**

与第10题的相关性	第12题	第13题	第15题
相关性	0. 388	0. 299**	0. 338**
显著性	0. 001	0. 010	0. 003

表5-23反映出第12题与第13题相关性是很强的，即绝大部分愿意将思想政治理论课实践教学作为单独课程的教师，都希望编写一本思想政治理论课的实践教材。只有少部分教师认为将思想政治理论课独立

出来就足够，没有必要编写实践教材。少部分教师认为有必要编写实践课教材，但是没必要将这门课独立出来。

表 5-23　　　　　　　　**相关分析情况表④**

与第 12 题的相关性	第 13 题
相关性	0.476***
显著性	0.000

整体相关分析见总表 5-24。

四、教师调查问卷的回归分析

回归分析适合数值型数据和有序型数据，该问卷中没有数值型数据，所以只能根据满意度问题，即第 3、7、8、10、15 这类问题的数据为自变量（即影响因素）来做回归分析，并按照性别、工作领域分别进行研究，其结果如下：

1. 整体上的回归（因变量为第 12 题的选项）

从表 5-25 中可以看出，回归模型中共有 5 个自变量。根据回归分析原理，一般认为 t 统计量（即表中的第 5 列）大于 2，则可以认为在统计中该自变量对因变量有显著影响。而表中只有第 2 和第 4 个变量的 t 值大于 2，说明这两个变量（第 7 和第 10 题）是因变量（即第 12 题）的主要影响因素。

实证结果表明，“对高校开展基础课实践教学的态度”和“学校基础课实践教学效果”是决定大家是否支持将思想政治理论课实践教学作为单独一门课程的主要因素。

根据表中的回归系数（即第一列的 B）的正负号可知，两个自变量对因变量存在正向影响，即教师对开展实践教学越表示赞同，越认为应该将思想政治理论课实践教学独立出来；“思想道德修养与法律基础”课实践教学效果越好，越认为应该将思想政治理论课实践教学独

表 5-24

调查问卷相关分析表

相关系数

			在课堂上正式讲过思想政治理论课吗	对高校开展基础课实践教学的态度是	认为学校领导重视思想政治理论课实践教学工作吗	认为学校基础课实践教学效果怎样	思想政治理论课实践教学是否应该单独设置为一门课程	有无必要编写统一的思想政治理论课的实践课教材	对当前高校基础课教师指导实践教学的评价是
Spearman 的 rho	在课堂上正式讲过思想政治理论课吗	相关系数	1.000	0.029	−0.187	−0.052	0.099	0.210	0.191
		Sig.（双侧）		0.803	0.110	0.661	0.400	0.072	0.103
		N	74	74	74	74	74	74	74
	对高校开展基础课实践教学的态度是	相关系数	0.029	1.000	0.218	0.110	0.335**	0.463**	−0.048
		Sig.（双侧）	0.803		0.063	0.352	0.004	0.000	0.687
		N	74	74	74	74	74	74	74
	认为学校领导重视思想政治理论课实践教学工作吗	相关系数	−0.187	0.218	1.000	0.420**	0.203	0.214	0.213
		Sig.（双侧）	0.110	0.063		0.000	0.083	0.067	0.069
		N	74	74	74	74	74	74	74
	认为学校基础课实践教学效果怎样	相关系数	−0.052	0.110	0.420**	1.000	0.388**	0.299**	0.338**
		Sig.（双侧）	0.661	0.352	0.000		0.001	0.010	0.003
		N	74	74	74	74	74	74	74
	思想政治理论课实践教学是否应该单独设置为一门课程	相关系数	0.099	0.335**	0.203	0.388**	1.000	0.476**	0.049
		Sig.（双侧）	0.400	0.004	0.083	0.001		0.000	0.681
		N	74	74	74	74	74	74	74
	有无必要编写统一的思想政治理论课的实践课教材	相关系数	0.210	0.463**	0.214	0.299**	0.476**	1.000	0.220
		Sig.（双侧）	0.072	0.000	0.067	0.010	0.000		0.060
		N	74	74	74	74	74	74	74
	对当前高校基础课教师指导实践教学的评价是	相关系数	0.191	−0.048	0.213	0.338**	0.049	0.220	1.000
		Sig.（双侧）	0.103	0.687	0.069	0.003	0.681	0.060	
		N	74	74	74	74	74	74	74

**：在置信度（双侧）为 0.01 时，相关性是显著的。

立出来。但根据之前单选题描述性分析可知，目前的基础课实践教学的效果并不是很好，所以应主要考虑这个方面的因素。

表 5-25 整体回归分析表

系数[a]

模型		非标准化系数		标准系数	t	Sig.
		B	标准误差	试用版		
1	(常量)	0.330	0.410		0.805	0.423
	在课堂上正式讲过思想政治理论课吗	0.091	0.086	0.119	1.053	0.296
	对高校开展基础课实践教学的态度是	0.194	0.089	0.244	2.168	0.034
	认为学校领导重视思想政治理论课实践教学工作吗	0.031	0.097	0.039	0.318	0.752
	认为学校基础课实践教学效果怎样	0.287	0.102	0.348	2.819	0.006
	对当前高校基础课教师指导实践教学的评价是	-0.073	0.097	-0.090	-0.753	0.454

a. 因变量：思想政治理论课实践教学是否应该单独设置为一门课程

2. 按性别分组的回归结果

刚刚所研究的回归结果是整体上的，但是根据性别分组再进行回归，发现结果出现了一些变化。

可以发现，在男性的回归结果中，所有变量的 t 值都小于 2，即所有自变量对第 12 题的影响都变得不显著了，当然第 2 和第 4 个变量相对而言还是比较显著，这和之前的结果大致相同，但这时在统计上认为它们的影响变弱了，即可以认为，在男性教师的回答问卷中，没有变量可以体现“思想政治理论课实践教学是否应该单独设置为一门课程”

的影响因素是什么，见表 5-26。

表 5-26　　　　**按性别分组回归表（男）**

系数[a]

模型		非标准化系数		标准系数	t	Sig.
		B	标准误差	试用版		
1	（常量）	0.629	0.591		1.066	0.295
	在课堂上正式讲过思想政治理论课吗	-0.075	0.142	-0.091	-0.527	0.602
	对高校开展基础课实践教学的态度是	0.254	0.133	0.333	1.906	0.066
	认为学校领导重视思想政治理论课实践教学工作吗	-0.094	0.158	-0.117	-0.596	0.555
	认为学校基础课实践教学效果怎样	0.225	0.143	0.278	1.568	0.127
	对当前高校基础课教师指导实践教学的评价是	0.169	0.163	0.209	1.039	0.307

a. 因变量：思想政治理论课实践教学是否应该单独设置为一门课程

再看女性教师的回归结果，我们发现第 2 和第 4 个变量的 t 值依旧大于 2，所以之前的结论在女性教师中还是成立的，而且还多了一个影响因素，那就是“对当前高校基础课教师指导实践教学的评价”，我们发现它的系数是负的，说明女教师对指导教师能力的评价越高，越不想将思想政治理论课实践教学独立出来。这个结果有点不符合逻辑，通过后续分析发现，这是由于女性教师在第 15 题的回答中大部分选择了 D（不清楚）这个选项，这个选项无法有效衡量女性教师的态度，所以产生了偏差，即这个新增的变量虽然在统计上是显著的，但是没有通过实际意义的检验，应该舍弃这个自变量，只保留之前的两个影响因素，见表 5-27。

表 5-27　　　　　　　　　　按性别分组回归表（女）

系数[a]

模型		非标准化系数		标准系数	t	Sig.
		B	标准误差	试用版		
1	（常量）	0.133	0.562		0.236	0.815
	在课堂上正式讲过思想政治理论课吗	0.202	0.106	0.280	1.905	0.066
	对高校开展基础课实践教学的态度是	0.264	0.128	0.322	2.062	0.047
	认为学校领导重视思想政治理论课实践教学工作吗	-0.097	0.151	-0.121	-0.643	0.525
	认为学校基础课实践教学效果怎样	0.483	0.160	0.577	3.023	0.005
	对当前高校基础课教师指导实践教学的评价是	-0.296	0.135	-0.365	-2.185	0.036

a. 因变量：思想政治理论课实践教学是否应该单独设置为一门课程

综上所述，男性教师中的回归结果与整体上略有偏差，但女性教师的回归结果与整体上的结果保持一致。

3. 按工作领域的分组回归结果。

由于教师问卷的样本量较小，只有 74 份，而按照工作领域分组后，除了专职辅导员这个组的样本量较多，其余每个组的样本量都较小，做回归分析不具备科学的条件，结果也是不靠谱的，即这些组放弃做回归分析。但专职辅导员这个小组做回归分析还是比较靠谱的，表 5-28 就是在专职辅导员中的回归结果。

实证结果表明：在专职辅导员中，只有第 4 个变量对第 12 题的影响是显著的，同样的它的系数为正，我们可以认为“学校基础课实践教学效果”是影响“思想政治理论课实践教学是否应该单独设置为一门课程”的重要因素。

表 5-28　**按工作领域回归表**

系数[a]

模型		非标准化系数		标准系数	t	Sig.
		B	标准误差	试用版		
1	（常量）	-0.010	0.660		-0.015	0.988
	在课堂上正式讲过思想政治理论课吗	-0.081	0.129	-0.103	-0.628	0.536
	对高校开展基础课实践教学的态度是	0.156	0.130	0.195	1.199	0.242
	认为学校领导重视思想政治理论课实践教学工作吗	-0.270	0.155	-0.348	-1.736	0.095
	认为学校基础课实践教学效果怎样	0.745	0.205	0.743	3.639	0.001
	对当前高校基础课教师指导实践教学的评价是	0.050	0.146	0.057	0.338	0.738

a. 因变量：思想政治理论课实践教学是否应该单独设置为一门课程

综上所述，关于是否应该将思想政治理论课实践教学独立出来，其最主要的因素是学校基础课的实践教学效果，在整体上，根据回归系数可知，实践教学的效果每提高一个档次（第 10 题的前 3 个选项就是 3 个档次），赞成将实践教学课单独设置出来的人数会提高 28.7%；第二个影响因素是对高校开展“思想道德修养与法律基础”课实践教学的态度，其态度每提高一个档次（第 7 题的 4 个选项就是 4 个档次），赞成将实践教学课单独设置出来的人数会提高 19.4%。

刚才的回归结果是针对第 12 题的，但是第 13 题也是一个适合用回归分析进行研究的题目，其详细结果如下。

1. 整体上的回归（因变量为第13题的选项）

表5-29只有第2个变量的t值大于2，说明这个变量（第7题）是因变量（即第13题）的主要影响因素。实证结果表明，“对高校开展基础课实践教学的态度”是决定大家觉得是否有必要编写统一的思想政治理论课实践教材的主要因素。

表5-29 **整体回归分析表**

系数[a]

模型		非标准化系数		标准系数	t	Sig.
		B	标准误差	试用版		
1	（常量）	-0.276	0.348		-0.792	0.431
	在课堂上正式讲过思想政治理论课吗	0.117	0.073	0.163	1.596	0.115
	对高校开展基础课实践教学的态度是	0.343	0.076	0.461	4.517	0.000
	认为学校领导重视思想政治理论课实践教学工作吗	0.039	0.082	0.052	0.468	0.641
	认为学校基础课实践教学效果怎样	0.121	0.086	0.156	1.401	0.166
	对当前高校基础课教师指导实践教学的评价是	0.135	0.083	0.176	1.633	0.107

a. 因变量：有无必要编写统一的思想政治理论课实践教材

根据表5-29的回归系数（即第一列的B）的正负号可知，第2个变量对因变量存在正向影响，即教师对开展实践教学的态度越表示赞同，越认为应该编写统一的思想政治理论课实践教材，而且根据之前单选题描述性分析可知，教师普遍对学校开展实践教学表示赞同的态度，所以认为确实有必要编写统一的思想政治理论课实践教材。

2. 按性别分组的回归结果

在男教师的回归结果中，发现第2、第5两个变量的t值大于2，即“对高校开展基础课实践教学的态度”仍然对是否编写教材的态度具有重要的影响，同时“对当前高校基础课教师指导实践教学的评价”也成为了重要的影响因素，并且这两个变量对是否编写教材的影响都是正向的，即这两个变量的评价越高，男性教师越是支持编写统一的思想政治理论课实践教材，见表5-30。

表5-30　　**按性别分组回归表（男）**

系数[a]

模型		非标准化系数		标准系数	t	Sig.
		B	标准误差	试用版		
1	（常量）	-0.075	0.497		-0.151	0.881
	在课堂上正式讲过思想政治理论课吗	0.005	0.119	0.007	0.045	0.964
	对高校开展基础课实践教学的态度是	0.330	0.112	0.467	2.943	0.006
	认为学校领导重视思想政治理论课实践教学工作吗	-0.044	0.133	-0.059	-0.330	0.744
	认为学校基础课实践教学效果怎样	0.050	0.120	0.067	0.415	0.681
	对当前高校基础课教师指导实践教学的评价是	0.332	0.137	0.441	2.422	0.022

a. 因变量：有无必要编写统一的思想政治理论课实践教材

在女教师的回归结果中，我们发现有3个变量的t值大于2，即在女性教师中，有3个因素是影响她们是否支持编写统一的思想政治理论课实践教材的原因，即“在课堂上正式讲过思想政治理论课吗”、“对高校开展基础课实践教学的态度是”以及“认为学校基础课实践教学效果怎样”。可以认为，越是正式讲过思想政治理论课的教师，越支持编写统一的思想政治理论课实践教材；对基础课实践教学越表示赞同、对基础课实践教材效果越感到满意的女教师，越是支持编写统一的思想政治理论课实践教材，见表 5-31。

表 5-31 **按性别分组回归表（女）**

系数[a]

模型		非标准化系数		标准系数	t	Sig.
		B	标准误差	试用版		
1	（常量）	-0.453	0.473		-0.958	0.345
	在课堂上正式讲过思想政治理论课吗	0.196	0.089	0.284	2.200	0.035
	对高校开展基础课实践教学的态度是	0.461	0.108	0.586	4.275	0.000
	认为学校领导重视思想政治理论课实践教学工作吗	-0.089	0.127	-0.116	-0.706	0.485
	认为学校基础课实践教学效果怎样	0.360	0.134	0.449	2.680	0.012
	对当前高校基础课教师指导实践教学的评价是	-0.097	0.114	-0.125	-0.854	0.400

a. 因变量：有无必要编写统一的思想政治理论课实践教材

3. 按工作领域的分组回归

同之前的说明一样，因为分组后样本量会变小，只有专职辅导员的样本量仍比较大，所以只在专职辅导员中进行对是否应该编写教材的回归分析。

实证结果表明，在专职辅导员当中，只有第 4 个统计量的 t 值是大于2的，所以能影响专职辅导员是否觉得有必要编写统一的思想政治理论课实践教材的因素，只有“基础课实践教学的效果”这个问题。通常而言，“思想道德修养与法律基础”课实践教学的效果越好，专职辅导员越支持编写统一的思想政治理论课实践教材，见表5-32。

综上所述，在整体上，只有“对高校开展基础课实践教学的态度”能影响教师对是否编写统一的思想政治理论课实践教材的态度，教师当中对高校开展基础课实践教学的态度每提高一个档次，其认为有必要编写实践教材的人数将提高34.3%。

表5-32 **按工作领域分组回归表**

系数[a]

模型		非标准化系数		标准系数	t	Sig.
		B	标准误差	试用版		
1	(常量)	-0.010	0.660		-0.015	0.988
	在课堂上正式讲过思想政治理论课吗	-0.081	0.129	-0.103	-0.628	0.536
	对高校开展基础课实践教学的态度是	0.156	0.130	0.195	1.199	0.242
	认为学校领导重视思想政治理论课实践教学工作吗	-0.270	0.155	-0.348	-1.736	0.095
	认为学校基础课实践教学效果怎样	0.745	0.205	0.743	3.639	0.001
	对当前高校基础课教师指导实践教学的评价是	0.050	0.146	0.057	0.338	0.738

a. 因变量：有无必要编写统一的思想政治理论课实践教材

按性别和工作领域分组后，回归结果略有改变，但不是特别影响整体上的回归结果，即大致可以认为，是否编写统一的思想政治理论课实践教材，主要取决于"对高校开展基础课实践教学的态度"，次要的是"学校基础课实践教学的效果"和回答问卷的教师"是否正式上过思想政治理论课"的情况。

五、教师调查问卷的主要结论

在进行教师问卷分析之前，我们分析了问卷的结构、效度以及信度。实证结果表明，该份问卷的回答可信度比较高，但是有效程度不是特别高，这可能有 3 个原因：第一，很多选项中都包含了"不清楚"这个选项，且在对应的问题中，选择"不清楚"的人数还是比较多的，所以影响了问卷的有效性；第二，由于录入数据时产生了一些误差，比如录入了一些不存在选项，同样降低了问卷的有效性；第三，少部分教师的回答前后矛盾，影响了选项间的相关性。但从整体上讲，问卷的有效性还是可以接受的。

本次分析主要以比较分析、回归分析、相关分析为主，少部分地方用到了聚类分析，得到了一些主要结论，具体如下。

（1）在有效问卷中男女比大约为 1∶1，分布比较均匀。但从工作领域上来讲，大部分是思想政治理论课专任教师和专职辅导员，其他领域只有少部分人，所以这些问卷主要倾向于反映这两类教师的观点。已经正式讲过思想政治理论课的教师只有极少部分，绝大部分的教师都是正在讲或者没讲过。但无论是哪个工作领域内的教师，都普遍认为理论知识是在基础课期末成绩评定中最注重的考核部分。

（2）教师普遍对高校开展"思想道德修养与法律基础"课实践教学表示赞同；普遍认为领导重视思想政治理论课实践教学；普遍认为该课实践教学的效果不好；对当前"思想道德修养与法律基础"课教师指导实践教学的评价普遍较低。关于哪门课实施了单独的实践教学这个问题，大部分的教师选择了"不清楚"。正式讲过思想政治理论课的教师大部分都是该课专任教师和专职辅导员，其他工作领域的教师普遍没有正式讲过。无论是什么工作领域内的教师，都普遍认为教学手段单一和大班教学，课程组织难度较大，师生互动效果不明显是影响高校基础课程教学效果最主要的原因。

（3）对于影响高校“思想道德修养与法律基础”课教学效果最主要因素的看法，男教师普遍认为是大班教学，课程组织难度较大，师生互动不明显等。而女教师普遍认为是教学手段单一，灌输填鸭式教育。关于影响实践教学效果的最主要因素，男教师没有统一的看法，女教师则认为，教师教学实践的指导能力和学生参与的积极性与主动性才是最主要的因素。关于提升“思想道德修养与法律基础”课教师实践教学能力的主要措施，男教师认为存在多种措施，而女教师认为加大实践教育水平才是最主要的措施。

（4）思想政治理论课专任教师对于学校是否制定了基础课教学实践大纲并不是很了解，而专职辅导员则普遍认为学校制定了基础课实践教学大纲。关于对基础课教师指导实践教学的回答，各领域的教师基本上都有统一的认识，即普遍认为指导教师的能力一般，效果也一般。关于影响高校基础课实践教学的最主要因素这个问题，得不到各领域教师的集中回答，因为每个选项的答案都相对均匀，即四个选项都可以认为是主要影响因素。

（5）关于提高实践教学效果这个问题，构建科学合理的“思想道德修养与法律基础”课实践教学管理体系和运行机制是教师们最主要的看法，但制定科学合理的实践教学大纲体系也是一个比较重要的措施。关于基础课教学指导教师的关键工作，其主要回答有2个，即制定详细的“思想道德修养与法律基础”课实践教学方案和参加教育主管部门组织的实践教学培训、学习考察和挂职锻炼是最主要的工作。关于校园实践活动与基础课实践教学融合开展问题，“青马工程”、志愿服务、社团活动等可以与“思想道德修养与法律基础”课实践教学相关内容融合这个选项占比较大。

（6）相关分析表明：正式讲过思想政治理论课的教师，倾向于编写实践教材，对指导教师的评价也越高。对开展“思想道德修养与法律基础”课实践教学持反对态度的教师，普遍认为学校领导对思想政治理论课实践教学不够重视，普遍认为不应该将基础课独立出来，并且没有必要编写实践教材。认为学校领导对思想政治理论课实践教学重视的教师，通常认为学校“思想道德修养与法律基础”课实践教学效果较好，更加愿意将思想政治理论课实践教学作为一门单独的课程，并希望编写统一的实践教材，对实践教学的指导教师评价也普遍较高。认为有必要将思想政治理论课实践教学作为一门单独课程，并且有必要编写实践课教材的教师，通常都是认为“思想道德修养与法律基础”课实践教学效果比较好，并且对该课教师指导实践教学评价比较高的教师。

（7）回归分析表明：“对高校开展基础课实践教学的态度”和“学校基础课实践教学的效果”是决定大家是否支持将思想政治理论课实践教学作为单独一门课程的主要因素，且男性教师中的回归结果与整体上略有偏差，但女性教师的回归结果与整体上保持一致。“对高校开展基础课实践教学的态度”是决定大家觉得是否有必要编写统一的思想政治理论课实践教材的主要因素。按性别和工作领域分组后，回归结果略有改变，但不是特别影响整体上的回归结果。

（8）聚类分析表明：回答问卷的教师主要可以分为两类：一类是对各方面评价都较高，并且希望将思想政治理论课实践教学独立出来，并且编写统一的实践教材的教师。另一类是只对部分方面评价较高，希望将思想政治理论课实践教学独立出来，但是认为没有必要编写统一实践教材的教师。其余类型的教师只占少数。

由于分析过程比较繁杂，图表内容也比较多，所以上述只列出了主要的结论，详细的结论和分析过程限于篇幅，没有展开说明。

附　　录

附录一："思想道德修养与法律基础"课实践教学现状调查问卷（学生卷）

本次调查旨在了解在校大学生"思想道德修养与法律基础"课实践教学的基本情况，衷心希望您能如实地回答以下问题，请您将合适的选项序号填写在（　）内。此问卷仅供研究使用，我们对您的配合深表感谢！

(　　)1. 您的性别：A. 男　　B. 女

(　　)2. 您的年级：A. 一年级　　B. 二年级　　C. 三年级　　D. 四年级

(　　)3. 您来自：A. 大城市　　B. 中小城市　　C. 乡镇　　D. 农村

(　　)4. 您的专业：A. 经管类　　B. 理工类　　C. 政法类　　D. 艺术类

(　　)5. 您认为高校育人体系中哪种方式最重要？

A. 教书育人　　B. 实践育人

C. 科研育人　　D. 管理育人

E. 服务育人

(　　)6. 您对于“思想道德修养与法律基础”课实践教学的基本情况是否了解？

A. 非常了解　　B. 很了解

C. 了解　　D. 不了解

(　　)7. 您对参加“思想道德修养与法律基础”课实践教学的态度？

A. 非常喜欢　　B. 很喜欢

C. 喜欢　　D. 不喜欢

E. 说不清楚

(　　)8. 您对哪种“思想道德修养与法律基础”课实践教学形式最感兴趣？

A. 社会实践教学　　B. 校园实践教学

C. 课堂实践教学　　D. 虚拟实践教学

E. 都不感兴趣

(　　)9. 您对哪种“思想道德修养与法律基础”课的课堂实践教学形式最感兴趣？

A. 案例分析法　　B. 课堂讨论法

C. 调研类实践活动　　D. 学生模拟教学

E. 道德观察　　F. 主题演讲法

G. 观（看）（阅）读类实践活动

H. 模拟法庭　　I. 知识竞赛

(　　)10. 您对哪种“思想道德修养与法律基础”课校园实践教学形式最感兴趣？

A. 参加各种知识竞赛、演讲比赛、辩论赛

B. 学校社团活动

C. 学校公益活动

D. 学校德育主题活动

E. 学校组织的素质教育讲座报告等

(　　)11. 您对哪种“思想道德修养与法律基础”课社会实践教学形

式最感兴趣？

A. 社会调查

B. "三下乡"（文化、科技、卫生）社会实践活动

C. 参观、考察　　　　　　D. 志愿服务

E. 与专业实习相结合的实践活动

（　　）12. 您对哪种"思想道德修养与法律基础"课虚拟实践教学形式最感兴趣？

A. 网络调查　　　　　　　B. 网络学堂

C. 网络论坛　　　　　　　D. 网络教学游戏

（　　）13. 在"思想道德修养与法律基础"课实践教学过程中，您最关心的是什么？

A. 用实践来验证理论问题

B. 对实践内容的选题是否感兴趣

C. 实践操作模式　　　　　D. 实践教学流程是否合理

E. 实践教学管理是否规范　F. 其他

（　　）14. 您对开展"思想道德修养与法律基础"课实践教学的目标是否明确？

A. 非常明确　　　　　　　B. 很明确

C. 明确　　　　　　　　　D. 不明确

（　　）15. 您希望"思想道德修养与法律基础"课实践教学环节应采取的最佳组织方式是：

A. 任课老师带队的实践教学活动

B. 学生自主参与的实践教学活动

C. 院系部组织的实践教学活动

D. 学校团委组织的实践教学活动

E. 以社团为单位组织的实践教学活动

F. 其他

（　　）16. 在"思想道德修养与法律基础"课实践教学过程中您感到

最困惑的是？

A. 实践选题困难　　　　　　B. 调查实施困难

C. 调查报告撰写困难　　　　D. 团队合作困难

E. 没有专业教师指导和组织　F. 其他

(　　)17. 您很少参加或不愿主动参加“思想道德修养与法律基础”课实践教学活动的最主要原因是：

A. 形式不够新颖，缺乏吸引力

B. 理论教学与实践教学联系不够紧密

C. 教师与学生、管理部门缺乏有效沟通，对实践教学活动的要求和安排不具体

D. 学校实践教学资源（如场地、设备、实践基地、经费等）不足

(　　)18. 您认为开设“思想道德修养与法律基础”课实践教学最重要的意义在于：

A. 有利于最大限度地调动大学生学习的主动性、积极性和参与性

B. 将理论与实践相结合，让教学内容更加“接地气”

C. 能增强课堂教学的吸引力、感染力和实效性

D. 有利于大学生对相关理论真知、真信、真行并内化为自身的思想价值观

E. 有助于增进大学生对社会实际情况的了解

F. 无意义

(　　)19. 您认为开展“思想道德修养与法律基础”课实践教学是否必要？

A. 非常必要　　　　　　B. 很有必要

C. 不必要　　　　　　　D. 说不清楚

(　　)20. 您认为当前“思想道德修养与法律基础”课的实践课时安排

A. 应该适当增加　　　　B. 应当减少

C. 比较多　　　　D. 还可以，比较合理

(　　)21. 您认为目前"思想道德修养与法律基础"课实践教学形式：

A. 丰富多样　　　　B. 比较多

C. 形式比较少　　　　D. 很少

(　　)22. 课堂分组讨论某个专题，最后由小组长代表发言，您的感受如何？

A. 非常感兴趣，可以增进学生之间的交流

B. 提供了展示自己的舞台，锻炼口才

C. 可以学习其他同学的优点，弥补自己的不足

D. 非常反感

E. 没有感受

(　　)23. 学校开展的各项活动诸如公益活动、社团活动、文体活动、德育主题活动、技能大赛等，您的感受如何？

A. 频率很高，形式丰富，能够充分调动学生热情

B. 频率较高，但吸引力、感染力不够

C. 频率较少，没什么影响

D. 几乎没有

(　　)24. 您对于学校组织的社会实践活动所采用的形式是否满意？

A. 非常满意，有助于领悟专业知识，扩大知识面，开阔视野

B. 比较满意，虽然理论知识和实际有差距，但可以接触社会，积累经验

C. 不满意，老师态度敷衍，随意性大，走马观花

D. 不感兴趣

(　　)25. 您认为"思想道德修养与法律基础"课理论教学和实践教学两者之间的关系是？

A. 理论教学比实践教学更重要

B. 理论教学和实践教学同样重要

C. 实践教学比理论教学更重要

D. 实践教学可以深化理论教学

E. 无所谓

(　　)26. 您认为“思想道德修养与法律基础”课实践教学环节对理论教学的意义是?

A. 课堂互动有效调动了学生学习的积极性

B. 报告和讲座扩大了知识面，促进了理论与实践的结合

C. 学生走出校门参加社会实践，可以为将来工作积累一定经验

D. 没有太大意义

E. 说不清楚

(　　)27. 您认为“思想道德修养与法律基础”课实践教学是否应该作为独立的课程设置?

A. 非常必要　　B. 没有必要

C. 课堂教学的辅助环节　　D. 不了解

(　　)28. 您认为“思想道德修养与法律基础”课实践教学最突出的特点是?

A. 思想政治性

B. 讲述的故事有吸引力

C. 解决社会上相关难点、热点问题

D. 学生参与度高

(　　)29. 您对“思想道德修养与法律基础”课实践教学质量的总体评价是?

A. 非常满意　　B. 很满意

C. 满意　　D. 不满意

E. 说不清楚

(　　)30. 您对“思想道德修养与法律基础”课实践教学时间安排的

看法？

A. 每两至三个章节进行一次

B. 学习完全部课程后进行一次大规模的实践活动

C. 每一个章节进行一次

D. 利用假期开展实践活动

(　　)31. 您认为影响"思想道德修养与法律基础"课实践教学活动效果的最主要因素是？

A. 学校实践教学资源不足

B. 实践教学活动内容、形式不够新颖，缺乏吸引力

C. 大学生认识不够，积极性不强

D. 教师责任心不强，组织管理不到位

(　　)32. 您参加"思想道德修养与法律基础"课实践教学活动的收获怎样？

A. 收获很大

B. 还可以，有一定效果

C. 基本没有，持怀疑态度

D. 根本没有任何收获，纯粹浪费时间

(　　)33. 您认为"思想道德修养与法律基础"课实践教学考核评价最主要的指标是？

A. 侧重考核学生对相关理论的理性认识能力

B. 侧重考核学生运用该理论观察和分析社会问题的能力

C. 侧重考核学生在该理论方面的学术研究能力

D. 侧重考核学生对该理论持有的情感态度

E. 说不清楚

(　　)34. 您是否愿意将"思想道德修养与法律基础"课实践教学成绩计入总评成绩？

A. 非常愿意　　B. 很愿意

C. 愿意　　D. 不愿意

E. 说不清楚

(　　)35. 以书写实践报告的方式作为实践教学成绩评定依据，您怎样看？

A. 很好，可以培养问题意识和写作能力

B. 一般，容易以偏概全

C. 没有必要，只要达到实践教学目的就行

D. 很麻烦，没有兴趣

(　　)36. 您认为“思想道德修养与法律基础”课实践教学过程中教师和学生的关系是哪种？

A. 学生为主体，教师协助　　B. 教师为主导，学生协助

C. 学生自主　　D. 学生为主体，教师为主导

(　　)37. 您认为教师在指导学生参加“思想道德修养与法律基础”课实践教学中的作用如何？

A. 教师责任心很强，经常给予指导

B. 教师责任心较强，能够给予指导

C. 教师责任心一般，没有起到很好的指导作用

D. 教师责任心很差，没有起到作用

38. 您对加强和改进“思想道德修养与法律基础”课实践教学的意见和建议（请填写）。

附录二："思想道德修养与法律基础"课实践教学现状调查问卷（教师卷）

老师，您好！

本调查旨在全面真实地了解高校"思想道德修养与法律基础"课的实践教学现状，进一步推进"思想道德修养与法律基础"课的实践教学改革，请您在认为合适的选项序号上直接打"√"；另外如果需要直接填写的内容，请直接填写。感谢您的支持！

1. 您的性别：　　A. 男　　B. 女
2. 您的工作领域：
   A. 思政课专任教师　　B. 专职辅导员
   C. 学生工作人员　　D. 党务工作者
   E. 其他
3. 您在课堂上正式讲过思想政治理论课吗？
   A. 以前讲过，现在没讲　　B. 正在讲
   C. 准备讲　　D. 从没讲过，也不准备讲
4. 您认为目前四门思想政治理论课中，学校实施了单独的实践教学课时的课程是？
   A. 思想道德修养与法律基础
   B. 中国近现代史纲要
   C. 毛泽东思想和中国特色社会主义理论体系概论
   D. 马克思主义基本原理概论
   E. 都没有
   F. 不清楚
5. 您认为影响高校"思想道德修养与法律基础"课教学效果最主要的因素是？

A. 教学手段单一，灌输填鸭式教育

B. 大班教学，课堂组织难度较大，师生互动效果不明显

C. 理论教学与社会实践脱节

D. 教师讲课水平

E. 社会大环境影响

F. 学校党政领导部门的重视程度

G. 其他因素

6. 您认为学校在“思想道德修养与法律基础”课期末成绩的评定中最注重哪方面的考核？

A. 理论知识　　B. 课堂表现

C. 平时作业　　D. 日常思想行为表现

E. 实践环节得分和表现

7. 您对高校开展“思想道德修养与法律基础”课实践教学的态度是？

A. 非常赞同　　B. 赞同

C. 没有必要　　D. 无所谓

8. 您认为学校领导重视思想政治理论课实践教学工作吗？

A. 非常重视　　B. 重视

C. 不重视　　D. 不清楚

9. 你们学校制定了“思想道德修养与法律基础”课实践教学大纲了吗？

A. 有，而且名副其实　　B. 有，但形同虚设

C. 无　　D. 正在制定

E. 不清楚

10. 您认为学校“思想道德修养与法律基础”课实践教学效果怎样？

A. 效果很好　　B. 效果一般

C. 很少或几乎没有　　D. 不清楚

11. 您认为学校针对“思想道德修养与法律基础”课开展的实践教学形式有？（选 2 项）

A. 任课教师在课堂上组织的分组讨论、学生模拟教学、模拟法

庭等

B. 院系组织的相关主题的参观考察和社会调查等

C. 学校组织的素质教育讲座报告等

D. 学校建立校外思想政治理论课教学实践基地

E. 以学生社团为载体，带动学生参与各种实践活动

12. 您认为思想政治理论课（包括"思想道德修养与法律基础"课）实践教学是否应该单独设置为一门课程？

A. 应该　　　B. 不应该　　　C. 不了解

13. 你认为有无必要编写统一的思想政治理论课（包括"思想道德修养与法律基础"课）的实践教材？

A. 有　　　B. 无　　　C. 不清楚

14. 您认为为提高"思想道德修养与法律基础"课教学质量，推进实践教学改革，最主要的措施是？

A. 完善"思想道德修养与法律基础"课实践教学环节的各项机制

B. 积极组织"思想道德修养与法律基础"课教师参与社会调研和实践考察

C. 多建立校内外实践教学基地

D. 重视开展各种主题活动或德育活动

15. 您对当前高校"思想道德修养与法律基础"课教师指导实践教学的评价是？

A. 指导教师能力非常强，效果非常好

B. 指导教师能力一般，效果一般

C. 指导教师能力较弱，效果较差

D. 不清楚

16. 您认为影响高校"思想道德修养与法律基础"课实践教学效果的最主要因素是？

A. 教师实践教学的指导能力

B. 学生参与的积极性与主动性

C. 学校充足的经费保障

D. 详细的实践教学课程体系

17. 您认为提高“思想道德修养与法律基础”课实践教学效果最有效的措施是?

A. 制定科学合理的“思想道德修养与法律基础”课实践教学大纲等课程体系

B. 构建科学合理的“思想道德修养与法律基础”课实践教学管理体系和运行机制

C. 实践教学经费到位且使用合理高效

D. 提升教师“思想道德修养与法律基础”课实践教学指导能力

18. 您认为提升“思想道德修养与法律基础”课教师实践教学能力最主要的措施是?

A. 转变教师重理论轻实践、重知识传授轻能力培养的传统教育观念

B. 加大“思想道德修养与法律基础”课教师实践育人水平的培训力度

C. 坚持不懈开展多种多样的实践教学教研活动

D. 组织教师积极开展“思想道德修养与法律基础”课相关领域的社会实践、学习考察和学术交流活动

19. 您认为辅导员在“思想道德修养与法律基础”课实践教学过程中最重要的作用是?

A. 辅导员具有教师和干部双重身份，是“思想道德修养与法律基础”课实践教学的骨干力量

B. 辅导员对“班情”（学生专业特点）和“学情”（学生个性、特长）比较了解，利于组建实践团队和设计较好的实践教学选题

C. 辅导员在学生实践培训和组织动员环节可以发挥重要作用

D. 辅导员能将“思想道德修养与法律基础”课实践与大学生其他社会实践结合起来

20. 您认为学校是否存在以下与"思想道德修养与法律基础"课实践教学相关的管理制度？（可以多选）

    A. 已经成立由校党委领导的思想政治理论课领导小组，统筹管理思想政治理论课及实践教学

    B. 教务处将"思想道德修养与法律基础"课实践教学纳入教学计划，确保实践学分和学时得到落实

    C. 各学院将"思想道德修养与法律基础"课实践教学纳入专业人才培养方案

    D. 财务部门专门列支思想政治理论课及实践教学专项经费，并逐年增加

    E. 马克思主义学院成立了实践教学教研室，管理日常实践教学活动

21. 您认为作为一位"思想道德修养与法律基础"课实践教学指导教师，关键是要做好哪项工作？

    A. 制定详细的"思想道德修养与法律基础"课实践教学实施方案

    B. 参加教育主管部门组织的实践教学培训、学习考察和挂职锻炼

    C. 参加"思想道德修养与法律基础"课实践教学教研活动

    D. 建设"思想道德修养与法律基础"课实践教学网络阵地

22. 您认为"思想道德修养与法律基础"课实践教学阵地建设最主要的措施是？

    A. 重点建设具有自身特色的"思想道德修养与法律基础"课实践教学基地

    B. 充分利用现有的专业实践基地，将"思想道德修养与法律基础"课实践教学相关内容融入专业实习

    C. 充分利用好传统爱国主义教育基地、国防教育基地等

    D. 开辟新的如新农村示范基地、新兴产业及工矿企业等实践教学资源

23. 您认为哪项校园实践活动可与"思想道德修养与法律基础"课实践

教学融合开展？

A. “青马工程”、志愿服务、社团活动等可以与“思想道德修养与法律基础”课实践教学相关内容融合

B. 专业读书学分、创新学分可以与“思想道德修养与法律基础”课实践学分互认

C. 大学生暑期社会实践活动可以与“思想道德修养与法律基础”课实践学分互认

D. 大学生独立的自我设计与优异表现可以作为“思想道德修养与法律基础”课实践学分

24. 您知道学校以下哪一项措施执行到位？

A. 学校有保障思政课正常经费之外的“专项经费”

B. 学校严格落实“本科院校按在校生总数每生每年不低于 20 元的标准提取专项经费用于教师学术交流、考察等，并随着学校经费的增长逐年增加”

C. 学校有保障思政课正常经费之外的“专项经费”，但没有足额到位

D. 不清楚

25. 您认为可以从哪些方面争取“思想道德修养与法律基础”课实践教学经费？（选 2 项）

A. 争取上级教育主管部门实践教学经费

B. 争取地方政府财政部门对高校实践教学经费的支持

C. 积极争取政府将某些管理职能委托给高校，争取更多实践经费

D. 积极争取社会力量的支持，多渠道增加实践教学经费

26. 您认为学校是否有科学合理的“思想道德修养与法律基础”课实践教学考评机制？

A. 有　　B. 没有

C. 正在制定和完善中　　D. 不了解

27. 您认为“思想道德修养与法律基础”课实践教学考评的主体是？

A. 高等教育主管部门　　B. 学校党委及其职能部门

C. 马克思主义学院　　D. 任课教师

28. 您认为“思想道德修养与法律基础”课实践教学最主要的考评方式是？

A. 学生调查报告质量、读书心得质量等的一次性结果考评

B. 学生在实践教学中的实际表现的全方位、全过程考评

C. 其他

29. 您认为“思想道德修养与法律基础”课实践教学考评客观公正最主要的依据是？

A. 实践教学考评标准是否科学合理

B. 实践教学考评的实施方案是否执行到位

C. 教师是否对学生的实践活动全程跟踪和考察

D. 学生是否严格执行实践教学计划

30. 您认为“思想道德修养与法律基础”课实践教学考评结果最好的表现方式是？

A. 分为“优秀”“良好”“及格”“不及格”等级次

B. 用百分比量化考核

C. 分为“合格”和“不合格”等级次

31. 您认为“思想道德修养与法律基础”课实践教学网格化考评的重点是？

A. 建立实践教学主题库

B. 建立实践教学课程学习资料库

C. 建立实践教学考评平台

D. 建立实践教学过程痕迹管理平台

32. 您认为“思想道德修养与法律基础”课实践教学考评的重点是？

A. 学生对书本上理论知识的掌握程度

B. 学生在社会实践中的实际表现

C. 学生的思想政治素质、道德素质和法律素质

33. 您认为当前“思想道德修养与法律基础”课实践教学考评方式存在的不足有哪些？（选 2 项）

A. 实践教学考评机制不健全

B. 实践教学考评内容不够全面

C. 实践教学考评方法不够科学

D. 实践教学考评效果不明显

34. 学校对“思想道德修养与法律基础”课实践教学的管理

A. 在学校的监管下，按照相关的管理制度和规定规范实践教学

B. 学校相关部门管理一般，虽然制定了相关制度，但执行力一般

C. 学校管理不规范，实践教学随意性很大

D. 根本没人管理，完全无人过问

35. 教务处等职能部门对马克思主义学院实践教学的教学管理考评主要包括？（选 2 项）

A. 对实践教学管理制度的考评

B. 对实践课程设置、教材使用的考评

C. 对实践教学基地建设的考评

D. 对实践教学方法改革和实践教学成果的考评

36. 您个人对高校“思想道德修养与法律基础”课实践教学的建议：

参考文献

1. 本书编写组. 思想道德修养与法律基础［M］. 北京：高等教育出版社，2015.
2. 习近平. 习近平谈治国理政［M］. 北京：外文出版社，2014.
3. 中共中央文献研究室. 十八大以来重要文献选编［M］. 北京：中央文献出版社，2014.
4. 中共中央宣传部理论局. 法治热点面对面［M］. 北京：学习出版社，2015.
5. 罗国杰. 伦理学（修订本）［M］. 北京：人民出版社，2014.
6. 蔡元培. 中国人的修养［M］. 北京：中国工人出版社，2008.
7. 季羡林. 季羡林谈人生［M］. 北京：当代中国出版社，2007.
8. 傅佩荣. 哲学与人生［M］. 北京：东方出版社，2012.
9. 唐汉卫，等. 大学生活：困惑与反思［M］. 济南：山东人民出版社，2010.
10. 饶贵民. 人生三论［M］. 北京：人民出版社，2010.
11. 覃彪喜. 读大学，究竟读什么［M］. 广州：南方日报出版社，2008.
12. 陈刚. 高校思想政治理论课实践教学实用教程［M］. 北京：高等教育出版社，2015.
13. 吕志，等. 思想道德修养与法律基础课实践教学活动指导［M］. 广州：暨南大学出版社，2011.
14. 王滨有，等. “思想道德修养与法律基础”课程实践教学的思考［J］.

清华大学学报（哲学社会科学版），2006（12）.

15. 殷善兵. 论“思想道德修养与法律基础”课在教学实践中的“九个统一”［J］. 山东省青年管理干部学院学报，2009（5）.
16. 严毛新. “思想道德修养与法律基础”课实践教学改革探析［J］. 思想教育研究，2009（4）.
17. 黄兆林，等. 提高“思想道德修养与法律基础”课实践教学效能的探索［J］. 北京航空航天大学学报（社会科学版），2010（9）.
18. 钱广荣. “思想道德修养与法律基础”课实践教学问题探讨［J］. 思想教育研究，2012（9）.
19. 赖雄麟. 以旨趣促智，内化于意，外显于行——“思想道德修养与法律基础”课如何提升有效性的思考［J］. 思想理论教育导刊，2017（2）.
19. 曹洪军. “思想道德修养与法律基础”课实践教学研究述评［J］. 煤炭高等教育，2011（9）.
20. 夏家春. 试析“思想道德修养与法律基础”课实践教学［J］. 黑龙江高教研究，2010（6）.
21. 吴琼，等. “思想道德修养与法律基础”课实践教学的功能探析［J］. 思想教育研究，2011（1）.
22. 于莉丽. 对加强和改进“思想道德修养与法律基础”课程实践教学的思考［J］. 科技资讯，2017（1）.
23. 李明. “思想道德修养与法律基础”课实践教学的经验与思考——以中国农业大学为例［J］. 当代教育论坛（教学研究），2010（4）.
24. 马建青. “思想道德修养与法律基础”课实践教学现状调查与分析［J］. 学校党建与思想教育，2016（5）.
25. 李芬. “思想道德修养与法律基础”课的实践教学研究［J］. 传承，2012（7）.
26. 李锦峰. 构建“思想道德修养与法律基础”课实践教学体系的探索与实践［J］. 思想政治教育研究，2008（4）.

27. 宋成鑫，等. “思想道德修养与法律基础”课实践教学模式的构建［J］. 学校党建与思想教育，2011（4）.
28. 李大健. “思想道德修养与法律基础”课“三三制”实践教学体系探讨［J］. 国家教育行政学院学报，2009（12）.
29. 余灏源. 浅议“思想道德修养与法律基础”的实践教学现状及对策［J］. 法制博览，2015（12）.
30. 王新茹. “思想道德修养与法律基础”课实践教学模式研究［D］. 大连医科大学，2014.
31. 任永辉. 高职院校“思想道德修养与法律基础”课实践教学研究［D］. 湖南大学，2011.

后　记

经过一年多的艰苦努力，《“思想道德修养与法律基础”实践教学研究》终于付梓了，一种如释重负之感油然而生。

前教育部部长袁贵仁 2010 年 5 月 13 日在与高校思想政治理论课 2010 年第一、二期骨干教师研修班学员座谈时强调，要努力建设一支让党放心、让学生满意的高素质的思想政治理论课教师队伍，把高校思想政治理论课建设成为大学生真心喜爱、终身受益、毕生难忘的优秀课程。研究团队按照这个目标付出了大量艰苦的劳动，做出了一些成绩。但也要清醒地看到，我们的工作与中央的要求相比还有差距，与学生对这门课的期待相比还有不足，需要我们进一步做好工作。

虽然本项目的研究暂时告一段落，但是还有很多不完善、不成熟的地方，需要进一步研究和完善，本着边建设、边总结、边推广的原则，我们力争推动建设效果好的团队及时总结提炼形成可供推广示范的经验，以便以多种方式在高校推广。

在书稿写作和修改的过程中笔者大量借鉴了国内外同行的相关研究成果，并参考了诸多文献，特表示感谢。如有疏漏而未列出之处，敬请谅解。

本书在研究和写作的过程中，得到了诸多同事和学生的帮助，如叶晓东博士、肖述剑博士、江沈红博士等学术上的帮助，感谢软件 Q1541 洪方婧如、徐楠，应用统计 Q1441 钱超超同学在数据录入和数据处理过程中的帮助，在此一并表示感谢。最后要感谢我的妻子张晓京博士不辞辛劳照顾家庭，儿子丁佳逸勤奋学习，才能使我静心完成课题的研究和著作的修改。

本书的出版也得到了湖北省教育厅的立项和湖北经济学院马克思主义学院出版基金的资助。武汉大学出版社文史分社胡国民先生和责任编辑聂勇军老师为此书的出版也付出了辛勤劳动，在此一并表示谢意！

丁银河

2017年7月于寓所